本书系
国家社会科学基金重大项目（16ZDA080）
山东大学实验室建设与管理研究项目（SY20203604）
研究成果

人文社科研究数据采集教程

低成本开展CATI电话调查

俞少宾 著

Data Collection for Humanities and
Social Science Research:
Low-cost CATI Implementation

中国社会科学出版社

图书在版编目（CIP）数据

人文社科研究数据采集教程：低成本开展 CATI 电话调查 / 俞少宾著.
—北京：中国社会科学出版社，2021.6
ISBN 978 - 7 - 5203 - 8352 - 3

Ⅰ.①人… Ⅱ.①俞… Ⅲ.①社会调查—计算机应用—电话—调查方法 Ⅳ.①C915

中国版本图书馆 CIP 数据核字（2021）第 076155 号

出 版 人	赵剑英
责任编辑	耿晓明
责任校对	冯英爽
责任印制	李寡寡

出　　版	中国社会科学出版社
社　　址	北京鼓楼西大街甲 158 号
邮　　编	100720
网　　址	http://www.csspw.cn
发 行 部	010 - 84083685
门 市 部	010 - 84029450
经　　销	新华书店及其他书店
印　　刷	北京明恒达印务有限公司
装　　订	廊坊市广阳区广增装订厂
版　　次	2021 年 6 月第 1 版
印　　次	2021 年 6 月第 1 次印刷
开　　本	710×1000　1/16
印　　张	12.5
插　　页	2
字　　数	175 千字
定　　价	68.00 元

凡购买中国社会科学出版社图书，如有质量问题请与本社营销中心联系调换
电话：010 - 84083683
版权所有　侵权必究

序

　　山东大学城市发展与公共政策研究所自成立以来，始终关注城市发展和城市治理的重要理论和实践问题，以城市管理体制、城市空间正义、城市群与区域发展、城市公共服务等领域的政策实践和管理创新为研究对象，致力于建设国内知名城市研究平台与智库。

　　研究所一直高度重视社会调查和实证研究，这一努力也得到了学校的大力支持。2015年5月，为了打造哲学社会科学研究公共支撑平台，为文科科研提供有力的数据和方法支撑，山东大学启动了文科专题数据库建设工作。研究所申报的"山东省城市公共服务数据库"项目，经过校内外专家评审，成为学校首批资助建设的四个文科专题数据库项目之一。同年11月，为了完成数据库项目的建设任务，研究所采取入户问卷调查的形式，完成了首次山东省城市公共服务满意度调查。调查结束后，团队成员普遍反映，面向全省的入户调查存在着拒访率高、质量控制困难等问题。为了更好地完成后续的数据库项目建设工作，团队走访了中国人民大学中国调查与数据中心等兄弟高校相关机构，在考察学习的基础上，决定从2016年起，采取电话调查的形式开展山东省城市公共服务满意度年度调查。经过近半年的方案讨论、部署与测试，研究所团队自主部署了一整套低成本的电话调查与在线、离线数据采集系统，圆满地完成了"山东省城市公共服务数据库"项目建设中的数据采集任务。

该系统还被运用于 2016 年获批的国家社科基金重大项目"中国基本公共服务供给侧改革与获得感提升研究（16ZDA080）中"。项目旨在明晰基本公共服务视阈下的"供给侧改革""获得感"等概念，构建"基本公共服务公民获得感测评体系""基本公共服务公民获得感障碍诊断模型"，在此基础上剖析基于公民获得感提升的基本公共服务供给侧改革路径，以期为国家基本公共服务供给侧结构性改革的顶层设计提供决策支持，为地方政府落实基本公共服务供给侧改革提供理论指导。依托这套电话调查系统，研究所以较低的成本开展了全国范围内的公共服务"获得感"调查，以便准确地感知、把握中国基本公共服务居民获得感，对公共服务供给改革提供依据。调查进行得十分顺利，取得了良好的效果。

总体来说，虽然电话调查在美国等西方发达国家大规模应用已有半个多世纪，但是对于大多数人文社科研究团队而言，囿于场地、技术储备以及资金的限制，较难直接开展电话调查。研究所团队利用自主设计与部署的电话调查系统，以较低的成本完成了满意度与获得感的各项调查工作，保障了各类教学科研项目的数据采集工作，调查系统还面向校内外有限度地开放使用，服务教学科研工作。在此期间，国内外部分兄弟高校的研究团队先后莅临考察指导，对研究所低成本自主部署数据采集系统这一做法表达了较为浓厚的兴趣。为了更好地总结建设成果，分享建设经验，研究所系统建设骨干成员俞少宾老师撰写了此书，详细介绍了调查系统的架构、模块、安装配置以及使用方法，相信对于同样有意向自主开展电话调查的团队会有所裨益。书中关于电话调查的实践与心得体会的相关内容，对于人文社科研究团队的数据采集工作应该也有一定的借鉴意义。

山东大学城市发展与公共政策研究所的成立与发展，离不开校内外相关单位与专家学者的大力支持。我们要特别要感谢中国人民大学中国调查与数据中心、山东大学人文社会科学研究院等同人对研究所各项工作的指导与帮助。研究所全体成员为了系统建设和相关研究项目的实施倾注了大量的心血，在此也一并表示衷心的谢意！

曹现强

2020 年 7 月

目 录

第一章 认识计算机辅助电话调查 …………………………（1）
 第一节 电话调查的发展历程 …………………………（1）
 第二节 电话调查的优点 ………………………………（7）
 第三节 电话调查的不足 ………………………………（10）
 第四节 电话调查的系统模块组成 ……………………（13）

第二章 低成本计算机辅助电话调查的实践 ………………（18）
 第一节 建设背景 ………………………………………（18）
 第二节 建设实践 ………………………………………（22）
 第三节 小型电话调查室的系统架构 …………………（28）
 第四节 小型电话调查室的设备与网络拓扑 …………（31）

第三章 呼叫子系统的安装与初始配置 ……………………（42）
 第一节 硬件准备 ………………………………………（43）
 第二节 启动盘制作 ……………………………………（44）
 第三节 呼叫子系统安装 ………………………………（48）
 第四节 初始配置 ………………………………………（59）

第四章 呼叫子系统的基础配置 ……………………………（62）
 第一节 防火墙与安全设置 ……………………………（62）

第二节　系统高级设置选项微调 ………………………………（71）
　　第三节　模块精简（可选）………………………………………（74）

第五章　分机与语音中继路由设置 ……………………………（81）
　　第一节　分机设置 ………………………………………………（81）
　　第二节　语音中继设置 …………………………………………（91）
　　第三节　呼叫路由设置 …………………………………………（97）

第六章　访员终端设置 ……………………………………………（105）
　　第一节　制作测试号码列表 ……………………………………（106）
　　第二节　访员终端（PC 电脑）…………………………………（110）
　　第三节　访员终端（移动设备）…………………………………（130）

第七章　电话调查项目实施 ………………………………………（143）
　　第一节　调查组织架构 …………………………………………（144）
　　第二节　问卷设计与电子化 ……………………………………（146）
　　第三节　访员招募与培训 ………………………………………（148）
　　第四节　号码抽样 ………………………………………………（154）
　　第五节　制作访员用号码列表文件 ……………………………（166）
　　第六节　预调查 …………………………………………………（171）
　　第七节　访员管理 ………………………………………………（173）
　　第八节　质量控制 ………………………………………………（178）
　　第九节　样本库整理与更新 ……………………………………（187）
　　第十节　电话调查技巧 …………………………………………（188）

后　记 ………………………………………………………………（191）

第一章 认识计算机辅助电话调查

电话调查最初是指通过电话进行调查的技术。随着现代通信技术与计算机信息处理技术的发展，二者的"联姻"进一步拓展了电话调查的深度与广度，如今，人们谈论的电话调查事实上指计算机辅助电话调查（Computer-Assisted Telephone Interview，CATI）。由于电话调查成本低廉、灵活可控的特点，自诞生以来它就被广泛应用到舆论调查和商业调查领域，随着社会变革与通信技术的不断发展，电话调查在学术研究领域也逐渐普及开来。

第一节 电话调查的发展历程

电话调查的核心载体是电话机，没有电话机的发明与普及就不会有电话调查的诞生，因此电话调查的应用推广与电话的普及率紧密相关。电话最先出现在美国，因此美国也是最先采用电话调查的国家。最早有记录的电话调查始于美国柯乐利调查公司（Crossley Survey Inc.）1927年进行的广播收听率的调查[1]。1929年盖普洛公司以入户调查的方式，进行一项广播收听率的调查，随后将其结果与电话调查

---

[1] 上海南康科技有限公司：《CATI 3.0 操作手册》，转引自朱磊《计算机辅助电话调查》，暨南大学出版社2012年版，第1页。

的数据进行比对,结果显示入户访问与电话调查的发现几乎具有一致性[1]。此后,随着美国家庭固定电话普及率的逐步上升,电话调查在商业领域逐渐推广开来,尤其是在收视率和民意支持率的调查方面,电话调查的占比日渐提高。

在20世纪70年代中期之前,美国大多数调查研究人员都不太接受将电话调查作为收集数据的主要方式,最主要的原因是当时没有安装电话的家庭比例较大,尤其是在低收入和受教育程度较低的人群中,家庭电话的普及率较低,而这些群体通常是重要的学术研究对象。在这种情况下,使用电话号码簿或其他电话号码列表作为抽样框时,覆盖误差的可能性较大。过去几十年,电话调查在商业领域的实践,导致人们普遍认为电话调查的问题数量必须足够少、问题必须足够简单,这样才能使受访者容易理解,从而获得较好的应答率,这一要求在学术研究调查中可能较难完全满足。这一现状与偏见导致在此期间,大规模的学术调查项目中,电话调查几乎完全被用于邮件或面访的回访[2]。

20世纪70年代起,由于汽油价格不断上涨,传统面访调查的成本不断攀升,美国政府统计部门和商业调查公司开始寻找更为经济便捷的调查手段。恰好在这一阶段,拥有电话的美国家庭比例从1967年的81%增长到1981年的93%[3],这意味着电话调查的覆盖范围与其他调查方式相比已经没有明显差异了。电话普及率在美国家庭的快速攀升,扫清了电话调查在学术研究领域推广的最后一个障碍。与此同时,随着计算机和信息处理技术的不断发展,研究人员发现,通过计算机编辑和处理数据,可以更快地分析和处理调查结果,并且提高

---

[1] Frauke Kreuter, et al., "Social Desirability Bias in CATI, IVR, and Web Surveys: The Effects of Mode and Question Sensitivity", *Public Opinion Quarterly*, Vol. 72, No. 5, 2008, pp. 847 – 865.

[2] Robert L. Horton and David J. Duncan., "A New Look at Telephone Interviewing Methodology", *The Pacific Sociological Review*, Vol. 21, No. 3, 1978, pp. 259 – 273.

[3] James T. Massey, "The Emergence of Telephone Interviewing in Survey Research", *Medical Care*, Vol. 24, No. 2, 1986, pp. 95 – 96.

数据质量。研究人员进一步发现，如果将问卷电子化、自动化，通过在线或电话调查的方式收集数据，不但能降低问卷转录过程中出现的错误，而且在调查过程中可以实时校验数据，甚至根据调查反馈快速调整问卷。

技术的发展与思维的转变，自然而然地促成了计算机与电话调查的联姻。随后，电话号码抽样方法也从基于电话号码簿或号码表的抽样法转为更加高效全面的随机数字拨号（RDD）的方式，避免了传统抽样方法号码遗漏的缺点[1]。20世纪80年代以来，许多商业调查公司联合软件开发公司，开发了方便易用的CATI系统，融合了电话调查的诸多功能（如样本选择、访员分配、问卷设计、呼叫安排、质量监控、数据分析等），实现了调查的自动化，降低了复杂问卷调查的难度[2]。

电话调查在学术界的大量应用，也为评估电话调查的数据收集质量提供了素材。大量文献表明，通过电话调查收集的数据质量总体上与面访调查收集的数据质量一样好，在某些特定的研究领域（如关于生理或心理健康的调查，关于态度与满意度的调查等），或者针对某些特定群体（如居住在封闭社区的人群等），电话调查比面访调查可能更为适合[3]。有证据表明，通过合理的设计与组织，电话调查可以完成长达一小时的问卷，而不会对应答和数据质量产生明显的负面影响[4]，这一发现表明电话调查同样可以适用于复杂的问卷调查。

自2004年以来，美国家庭的固定电话普及率开始逐年下降，同

---

[1] Chang, L. and Krosnick, J. A., "National Surveys via RDD Telephone Interviewing versus the Internet-Comparing Sample Representativeness and Response Quality", *Public Opinion Quarterly*, Vol. 73, No. 4, 2009, pp. 641–678.

[2] Alreck P. and Settle R., *Survey Research Handbook*, 3rd ed, New York: McGraw Hill, 2004.

[3] Midanik L. T. and Greenfield T. K., "Telephone versus In-person Interviews for Alcohol Use: Results of the 2000 National Alcohol Survey", *Drug and Alcohol Dependence*, Vol. 72, 2003, pp. 209–214.

[4] Carr, Eloise & Worth, Allison, "The Use of Telephone Interview for Research", *Nursing Times Research*, Vol. 6, 2001, pp. 511–524.

时，仅拥有移动电话的家庭比率逐年上升，到2016年仅拥有移动电话的家庭数量已经超过了拥有固定电话的家庭①。为了应对这一趋势的变化，电话调查的样本范围进一步拓展至移动电话。相应地，相关研究文献早在2007年就开始关注移动通信时代的到来给电话调查带来的挑战，主要包括：①法律限制，比如《美国电话消费者保护法》规定，禁止商业公司使用电脑程序自动拨打移动电话②；②增加受访者成本，因为在美国部分受访者的手机接听电话时需要付费；③安全考虑，受访者接听手机可能会导致潜在的危险，如受访者正在进行驾驶汽车等需要专注力的活动；④隐私问题，受访者接听手机时旁边可能有其他人在场③，个人隐私存在泄露的风险。当然，更有大量的研究探讨数据采集工作如何适应移动电话和互联网时代的要求④，这些研究对于扩大电话调查的影响力、完善调查的组织与管理、提高调查质量具有重要的价值（见图1-1）。

总体来说，电话调查在美国商业领域最先得到使用，自20世纪70年代以来，得益于家庭电话普及率的提高以及计算机通信技术的发展，学术研究领域也开始大量采用电话调查，同时一大批研究者持续对电话调查的方法与应用进行研究，形成了理论和实践相互促进的良好态势。

虽然电话调查的大规模应用在美国等西方发达国家有近半个世纪之久，但是在中国，有记录的电话调查直到1987年才零星出现，真正的推广使用则要等到2000年以后。相关例子如1999年，四川卫视

---

① 数据来源于美国疾病控制与预防中心开展的面向15000多个家庭半年一次的全国健康调查。美国疾病控制与预防中心（https://www.statista.com/chart/2072/landline-phones-in-the-united-states/），访问于2019年11月20日。

② Peterson K., et al., "Despite New Law, Phone Surveys Still Effective", *Marketing News*, Vol. 37, 2003, pp. 22-23.

③ J. Michael Brick, et al., "Cell Phone Survey Feasibility in the U.S.: Sampling and Calling Cell Numbers Versus Landline Numbers", *The Public Opinion Quarterly*, Vol. 71, No. 1, 2007, pp. 23-39.

④ Couper M. P., "The Future of Modes of Data Collection", *Public Opinion Quarterly*, Vol. 75, No. 5, 2011, pp. 889-908.

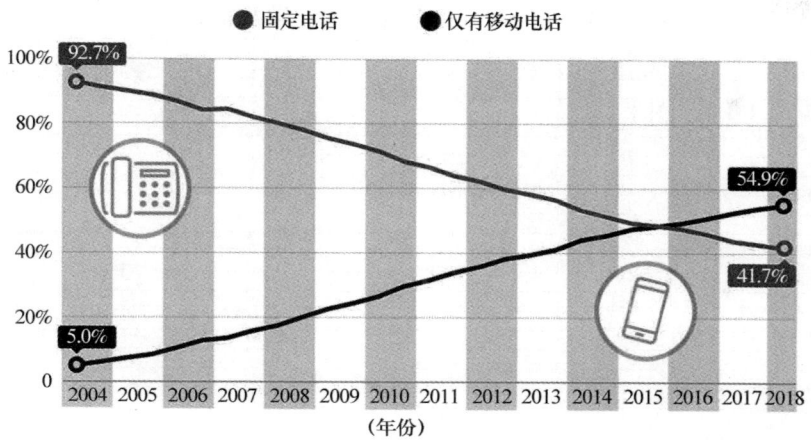

图 1-1　美国 2004 年以来固定电话与移动电话普及率变化

利用当地的电话网络进行了收视覆盖率调查；2000 年春节，中央电视台春节联欢晚会对收视率进行了即时电话调查[①]。2008 年起，以各地 12345 政务服务热线和 12340 全国统计系统社情民意调查热线的建设与运营为标志，电话问政与电话调查开始走近政府与民众身边，成为不可或缺的调查方式。近年来，电话调查已经渗透到社会生活的方方面面，如收视率调查、顾客满意度调查、客户服务跟踪回访、舆情调查、电话营销等诸多领域。

　　由于发展时代的不同，我国电话的大面积普及较晚，尤其是固定电话普及率在 2006 年达到 28 部/百人之后便一直稳步回落，相应地，移动电话普及率从 2003 年起便超过了固定电话，随后一直保持高速增长的态势。从数据上可以看出，与美国相比，我国基本跳过了固定电话时代，直接进入了移动电话与移动互联网时代，到 2017 年年底，移动电话普及率就已经达到了 102 部/百人。分省来看，即使是移动电话普及率最低的江西省，其整体普及率也接近 90 部/百人。移动电话的普

---

① 杨盛菁：《计算机辅助电话调查技术及其应用分析》，《统计科学与实践》2012 年第 2 期。

及，加上我国按地级行政区分配号段的传统做法，使得调查团队可以轻松地生成对应省市的号码样本框，给电话调查的抽样工作带来便利（见图1-2、图1-3）。

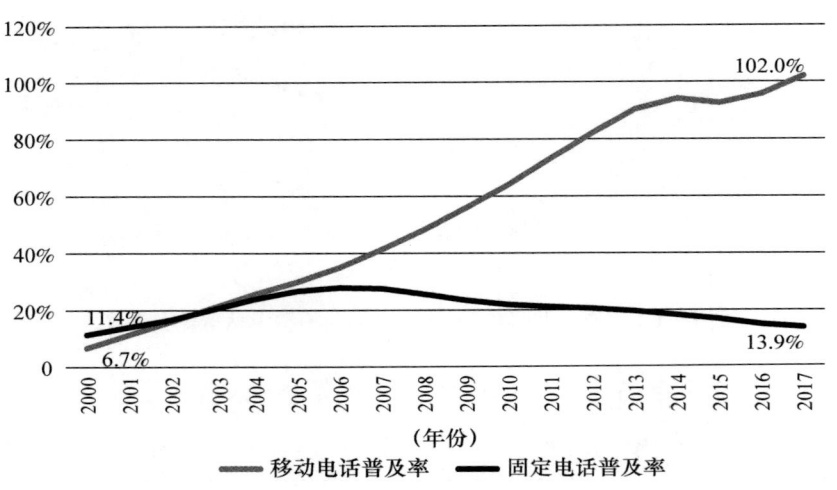

图1-2　2000年以来中国的电话普及率

数据来源：中国统计年鉴（2001—2018年），参考网址：http://www.stats.gov.cn/tjsj/ndsj/。

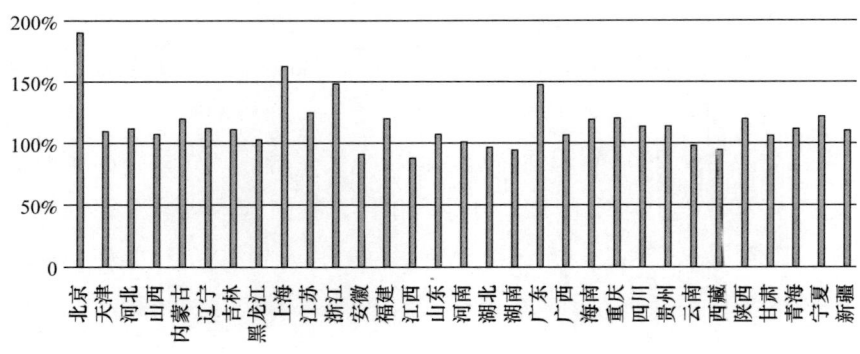

图1-3　2019年中国各省移动电话普及率

数据来源：中华人民共和国工业和信息化部2019年第三季度通信水平分省情况，参考网址：http://www.miit.gov.cn/n1146312/n1146904/n1648372/c7482938/content.html。

第二节　电话调查的优点

　　选择什么样的调查方式取决于诸多因素，相比其他方式，电话调查有几个明显的优势。第一个优势是接近性。理论上来讲，任何一种调查方式的目标被访者的拒访率超过70%时，其随机样本的代表性就会存在问题。早在2008年，入户访问在北京、上海、广州等大城市的拒访率就已经超过了80%[①]。随着城市小区门禁系统的推广，这些小区的入户访问变得愈发困难。在这种形势下，电话调查由于无须面访接触，其优势逐渐得到人们的青睐。第二个优势是可以将访员集中在现场，从而更好地监控和改善访员的表现，这一做法有利于调查过程中的质量控制。第三个优势是安全性。由于调查过程中访员无须外出，无须当面接触未知人群，其人身安全有了更好地保障。此外，当大规模的公共卫生事件暴发时，无接触的调查方式使得调查项目组无须担心访员在调查过程中传染或感染各类疾病，这一特点意味着即使在实施严格的隔离管制措施期间，数据收集工作仍然可以进行。具体来讲，与其他调查方式相比，电话调查具有如下特点：

　　第一，节省时间和资金成本。

　　传统的入户或面访调查需要消耗较多的人力、物力和财力，花费较长的时间，调查完成后还有烦琐的问卷整理与录入等工作。相比而言，采用电话调查的方式，可以节省交通差旅、问卷印刷、礼品礼金等费用开支，同样的调查项目，电话调查的费用一般比入户调查要低30%以上[②]。而且电话调查在问卷设计、样本抽取、调查实施、质量

---

　　① 邓国华：《统计调查的有力工具——电脑辅助电话调查系统》，《理论导报》2008年第12期。

　　② 如果选择部署商业CATI系统，前期的软硬件系统的购置和安装调试需要一定的资金投入，后期的维护也需要一定的成本，这些在进行调查规划时应一并考虑进来。

监控、数据录入、分析统计等环节都实现了高度的电子化与自动化，降低了问卷编码、录入、复核等环节的工作强度，调查一结束甚至在调查过程中就可以实时查看并分析数据。电话调查的这一特点，在某些对时效性要求较高的调查项目中，更能凸显其优越性。

除此之外，电话调查还能显著降低访员培训成本。入户或面访调查进行前，需要向访员讲解诸多注意事项，对于较为复杂的问卷，还需要花费较多时间对问卷中的答案超出范围、问题逻辑跳转等事项进行较长时间的培训。电话调查一般基于电子问卷系统，可以提前设置好问卷的回答值校验与逻辑跳转等功能，这样在访员填答问卷时系统可以自动处理这些"事项"，降低了对访员熟悉问卷和临场判断的要求，缩短了培训时间，节省了培训成本。

第二，被访对象的广泛覆盖。

一次成功的入户调查需要跨过至少三重"大关"——小区大门门禁、单元门门禁、住宅大门。近年来，城市各类小区基本都引入了物业管理，纷纷安装了小区大门与单元门电子门禁系统，调查期间，访员不仅要成功进入小区，还要"搞掂"物业工作人员或保安，其中任何一关的阻碍都会导致调查失败。电话调查由于不需要人员面对面地接触，除了节省时间和资金成本，还可以突破地域、时空、环境、人群的限制。无论是繁华的都市，还是偏远的乡村；无论是工作繁忙的双职工家庭，还是特殊时期或特殊情况被隔离的人群，只要有电话覆盖，都可以作为被访对象。此外，有些敏感话题或隐私问题如采取面访的调查方式，被访者可能难以启齿或不易"吐露真心"，电话调查由于无须面对面接触，有助于消除尴尬情绪，缓和戒备心理，获得更为真实的回答，这也是为什么电话调查在美国的医疗健康或犯罪研究领域得到广泛使用的原因之一[①]。

---

① C. S. Aneshensel, et al., "Telephone versus In-person Surveys of Community Health Status", *American Journal of Public Health*, Vol. 72, 1982, pp. 1017 – 1021.

第三，便捷的质量控制。

一般在入户或面访调查过程中，督导需要花费大量的精力监控与协调调查进度，监测样本消耗情况，检查访员的工作效率，调查现场的情况与数据一般需要层层上报，督导的指令也需要逐级下达。由于访员分散在各地，在调查过程中还要时刻注意访员的人身与财产安全。相反，对于电话调查来说，首先，所有访员都集中在同一场所，不用考虑交通差旅的安排，也不用额外担心其人身与财产安全。其次，项目督导通过实时观察现场情况、监测样本消耗进度和分析问卷反馈结果，可以第一时间发现调查项目存在的问题，并及时进行调整。再次，访员的所有调查记录（包括通话录音等）全程都保存在系统中，督导可以及时发现和解决问题，并据此调整访员的工作安排。最后，在整个调查过程中，系统可以自动统计访员的工作情况，全程监督并分析访员的工作进度与质量，因此能有效地抑制访员作弊的现象。总之，借助调查系统的自动化记录与监测等功能，督导的劳动强度大为降低，这为提升调查的质量提供了有力的帮助。

第四，数据收集与分析统计可同步进行。

电话调查一般与电子问卷系统紧密结合在一起，借助电子问卷系统，电话调查省略了问卷印刷、发放、回收、保管、转录等过程，使得调查实施、数据收集、数据校验、数据分析等工作可以同步进行，有效地节约了调查工作本身之外的工作量，提高了调查的时效性。此外，在电话调查实施的过程中，电子问卷可以实时对问题答案进行逻辑校验，避免了纸质问卷的填写及转录错误，提高了数据的质量。这一特点使得电话调查可以快速组织、快速实施、快速获取调查结果，尤其适合对社会热点事件、突发舆情事件等的调查。

第五，丰富的数据积累。

电话调查的另一个特点是调查过程中产生的所有数据皆可记录保存。除了常规的问卷反馈结果数据，电子问卷系统还可以记录每份问卷开始与提交的时间，甚至可以精确到每道问题填答所花的时间，方便后续调整优化问卷。每次调查结束后的样本数据，系统会自动记录下来，随着调查的不断开展，积累成更为精准的样本库。调查过程中访员的信息、通话记录、通话录音等数据也可以即时保存，方便质量回溯与后续研究使用。

第六，对访员更为友好。

电话调查除了有利于督导进行质量控制，对访员也更为友好。首先，电话调查通常采用排班制，访员可以根据自己的时间和日程安排，灵活地选择或调整班次。其次，电话调查无须登门入户，免去了旅途奔波之苦，也避免了外出调查过程中可能出现的人身安全问题。再次，由于电话调查过程中双方只通过电话沟通，因此访员无须为额外的事项而分心，可以将注意力完全放在与被访者的交流与问卷填答上。最后，电话调查使用电子问卷系统，问题的逻辑跳转、翻页、复杂问题的解释说明、答案的检验甄别等工作都可以由系统自动处理，降低了访员的工作强度，也降低了访员出错的可能性。

第三节　电话调查的不足

相比传统的调查方式，电话调查有其独特的优势，然而这并不意味着电话调查是完美无缺的。任何一项技术都无法适用所有的场合，解决所有的问题。具体来说，电话调查存在以下几个方面的不足：

第一，在电话普及率较低的地区样本代表性欠缺。

电话调查的前提是某个地区或目标群体拥有足够的电话普及率，否则就难以做到以"小样本"代表总体，这意味着在面向偏远落后地区或电话普及率不高的广大农村地区开展电话调查之前，必须首先确定该区域的电话普及率。可喜的是，近年来，随着我国移动通信网络的不断覆盖，移动电话普及率在 2017 年年底便已在全国层面达到了 100 部/百人，2019 年全国所有省份的移动电话普及率均已超过 80 部/百人，绝大部分省份普及率超过或接近 100 部/百人，这给电话调查的使用提供了良好的基础。

第二，需要专门的设备和技术。

与依赖纸质印刷问卷的传统入户或面访调查不同，电话调查的顺利实施离不开一整套系统的支撑。通常，最基本的电话调查系统包括呼叫子系统与电子问卷子系统，除此之外，为了提高工作效率，样本框的生成与抽取、随机数字拨号、督导与质量控制等功能的实现，也需要相应的子系统支持或通过编程来实现。这意味着电话调查的实施依赖于专门的电话调查室以及相应的技术维护团队。对于没有设立电话调查室的高校，经费充足的研究团队会选择将调查任务外包给第三方调查公司，然而大部分团队基于成本或者技术支持的考量，不得不采取其他的替代性调查方式，比如在线调查或入户调查。

第三，容易遗漏环境与肢体语言等信息。

电话调查通过访员与被访对象通话的方式获得数据，因而可能遗漏地理位置、周边环境、肢体语言、表情运作等信息，假如这些信息都是研究者感兴趣的或者研究设计所需要的，那么电话调查只能作为其他调查手段的补充，或者用于前期调查的回访反馈。相应地，电话调查过程中，由于访员与被访对象之间缺乏面对面的交流，双方较难在短短的十来分钟内建立深入的信任与共情关系，这可能不利于追踪调查的实施。

第四，一般不适用于包含较长或较多问题的调查。

电话调查过程中，访员无法像面访时那样与被访者现场交流，因而难以对调查实施有效的掌控，被访者也很容易被其他突发事项干扰甚至打断。事实上，电话调查中，被访者如果决定中止调查，可以更为果断而没有心理负担[①]。对于电话调查来说，访员要想顺利地完成一份有效问卷，需要逾越两道关卡——被访人同意接受调查，以及被访人中途不挂断电话。因此，传统上认为，在一般的电话调查项目

---

① 朱磊：《计算机辅助电话调查》，暨南大学出版社2012年版，第6页。

中，整个通话过程不宜超过 15 分钟，同时要尽量控制问题数量①。

第五，不当使用可能导致号码被"拉黑"。

电话调查尤其是网络电话的崛起，也给犯罪分子提供了可乘之机。前些年，利用电话，尤其是可以自由改号的网络电话实施的诈骗案高发，给人民群众财产造成巨大损失②。为此，电信运营商一直致力于违规语音电话的研究与治理，包括分析违规语音电话的风险来源、确定违规语音电话的治理重点、制定违规语音电话的防治策略等③。如今，各大手机厂商所发售的手机几乎都内置了安全卫士或者防骚扰电话的功能，根据一定的算法或云端数据库对符合特征的来电进行自动拦截。在这种形势下，电话调查如果使用不当，可能导致号码被用户手动或系统自动"拉黑"，一旦有相当数量的用户将号码标记为骚扰电话，可能会降低电话接通率。

综上所述，电话调查与入户调查、邮寄调查、在线发放问卷等方式相比，各自的特点可以总结如下（见表 1-1）：

表 1-1　　　　　　　各种调查方式比较

项目	电话调查	入户调查	邮寄调查	在线发放问卷
时间	中	高	高	短
经费	中	高	低	低
场地	中	高	低	低
电子系统支持	高	低	低	中
样本代表性	取决于电话普及率	高	低	低
访问完成率*	高	中	低	低

---

① 实际上，"山东大学城市公共服务数据库"项目组连续三年的年度电话调查实践显示，这一标准并非刚性约束，良好设计的问卷、科学的组织督导、有经验的访员，有助于完成超过 15 分钟的问卷而不显著降低有效应答率。

② 李力卡等：《电话诈骗防治技术解决方案与运维对策研究》，《电信科学》2014 年第 11 期。

③ 朱宏毅等：《违规语音电话的治理方法与实践》，《电信科学》2015 年第 7 期。

续表

项目	电话调查	入户调查	邮寄调查	在线发放问卷
样本追加/替换难度	低	高	中	低
问题数量	中	高	低	中
问题复杂度	中	高	低	低
敏感问题	中	低	中	高
调查过程质量监控效果	高	低	低	中
访员管理	高	低	—	—
对被访者姿态、仪表、语音等额外资料的采集	中	高	低	低
问卷转录	不需要	需要	需要	不需要
最终数据质量	高	高	中	低

注：＊访问完成率指选定的有效样本最终能够完成调查的比率。

第四节 电话调查的系统模块组成

一个完整的电话调查系统通常包括以下几个子系统：呼叫子系统、问卷（数据分析）子系统、样本子系统、访员管理子系统、督导与质量控制子控制、数据库与存储子系统等，各子系统分别承担相应的功能。商业电话调查公司或大型电话调查室由于存在长期、高频、大规模的电话调查需求，一般会采购现成的商业 CATI 系统或在此基础上进行二次开发，将这些子系统有机地集成在一起，方便日常使用。

第一，呼叫子系统。

呼叫子系统与问卷子系统是电话调查的核心模块。呼叫子系统的主要功能是根据要求，自动处理各种不同的电话呼入与呼出业务。在计算机普及之前，早期的电话调查单纯指通过电话呼叫开展的调查。随着语音技术和网络信息技术的不断发展，电话呼叫系统已经由早期的基于硬件交换的方式转向基于 IP 的软交换方式，语音通话与互联网的深度融合，提高了呼叫系统的灵活性，丰富了呼叫系统的功能。二者的"联姻"，使得呼叫系统可以更加灵活地与其他子系统连接起来，大大拓展了系统的边界，是电话调查技术发展史上的一大飞跃。

现代呼叫系统基本都支持多用户和用户组，可以为不同的用户和组设置灵活的呼叫和管理权限。在语音连接方面，呼叫系统可以无缝地将固定电话、移动电话、VOIP[①]网络电话、短信等集合在一起，建立语音资源池。具体呼叫功能上，呼叫系统支持通话记录、通话录音、通话监听、语音邮件、语音留言、呼叫转移、通话转接、通话保持、远程接听、电话会议、IVR语音菜单[②]、白名单、黑名单等众多功能。此外，基于IP的软交换方式，打破了呼叫系统的物理边界，只要有网络连接，就可以接入系统，使用呼叫系统的全部功能。

第二，问卷（数据分析）子系统。

现代电话调查的问卷子系统特指电子问卷子系统，以区别传统的纸质问卷。在计算机普及之前的电话调查，访员拨打电话时仍然在纸质问卷上进行填答。由于纸质问卷无法动态修改调整问题、无法自动检验回答、无法自动逻辑跳转，这导致了早期电话调查一般不能设置过于复杂的长问卷。得益于计算机信息系统的发展与普及，现代电子问卷系统都具有可视化的设计与智能编辑功能，可以高效直观地编辑问卷内容和外观，进行问卷测试、发布、回收管理等操作。在问题类型上，可以方便地设计是非题、单选题、多选题、填空题、评分题、

---

① VOIP（Voice Over Internet Protocol，基于IP的语音传输），是一种经由IP协议来实现语音通话与多媒体通信的一种技术。我们日常使用的微信语音、QQ语音、Skype等都使用了VOIP技术。与传统的基于电信运营商电话网络的语音传输相比，VOIP网络电话是通过互联网进行传输的，它与其他的网络应用如电子邮件、网页浏览等没有什么质的区别。受益于高速移动互联网和有线宽带的普及，网络连接速度越来越快，网络传输稳定性越来越好，VOIP语音技术获得了蓬勃的生机。

② IVR（Interactive Voice Response，互动式语音应答），是一种可定制的多功能电话自助服务系统，通过预先录制好的语音按照既定的逻辑进行语音导航，完成相应的业务需求。IVR是呼叫系统区别于普通电话的显著标志，常见的例子如银行的热线服务电话、企业的售后服务热线等。

矩阵单选、矩阵多选、随机题等多种题型。电子问卷系统还可以对输入的回答值进行校验，避免了访员的错误填答。根据需要，问题之间可以设置灵活的逻辑跳转与条件显隐。除此之外，电子问卷系统还可以独立使用，通过它制作并发布问卷，轻松地开展在线调查。

通过电话调查或在线发布填答获得的数据，问卷子系统可以进行简单的统计分析，方便督导监控调查进度并进行质量控制。除此之外，问卷子系统还能导出数据至 Excel、SPSS 等统计分析软件，方便后续的进一步分析。

第三，样本子系统。

电话调查样本子系统的功能主要包括抽样及号码生成、样本分配与配额管理、样本库管理等。不同于呼叫子系统与问卷子系统，样本子系统既可以嵌入调查系统中，也可以独立出来，甚至没有电子化的样本子系统，也不影响电话调查的开展，只是需要更多的人工工作量。使用电子化样本系统的优点是在调查开展过程中，可以根据调查进度以及提前设置的条件，动态地进行样本分配与配额管理。在调查结束后，样本系统还会自动更新样本库，形成一个能够对应人口统计学特征的号码库，方便后续调查的抽样与回访。

第四，访员管理子系统。

电话调查的实施需要访员拨打电话并在问卷系统上登记回答，因此访员的士气与工作状态直接影响着调查的进度。访员管理系统的主要功能包括：①维护更新访员信息；②在调查开始前，根据调查项目的时间安排和访员个人意愿排班；③在调查过程中，动态监控访员的工作进度，对访员的工作效率进行分析，尤其是对访员的有效接通率及成功样本进行实时统计；④及时发现访员工作中存在的问题，调整访员工作安排，提高调查的整体效率；⑤调查结束后，统计访员出勤与绩效等信息，方便后续的表彰与劳务费发放等工作。

第五，督导与质量控制子系统。

电话调查相比入户调查的一个显著优势是督导与质量控制。电话调查通常需要将访员集中在一个固定的场所，这使得调查过程更加可控。督导与质量控制子系统可以实时监控调查进度，记录并随机抽取通话录音，还可以将督导的意见和通知广播给每位访员，有效地减轻了督导的工作强度。在调查过程中，每个班次一般会安排1—2名督导进行现场巡视或监督，以便及时发现并纠正访员不规范的交流方式与问卷填答行为，同时对调查过程中出现的突发情况进行处理。督导的另一项重要职责是监控调查进度、抽取通话录音，以确保访员按照规范诚实调查。对录音中暴露出来的个别问题，及时向相应的访员反馈并督促其改进。对录音中暴露出来的共性问题及时整理总结，并视情况进行培训，确保访员能够按照规范要求完成调查。

第六，数据库与存储子系统。

电话调查中产生的重要数据主要包括问卷本身以及问卷回答数据、样本库及样本配额数据、访员出勤及业绩数据、通话记录及通话录音等。根据系统架构，既可以部署统一的数据库与存储子系统，集中存储各子系统产生的数据，统一调用；也可以各子系统单独存储其产生的数据，再根据需要分别调用。商业电话调查系统集成度较高，一般选择集中的数据存储模式。

总体来说，最基本的现代电话调查系统只需要包含核心的呼叫子系统与问卷（数据分析）子系统，其余子系统的作用主要是为了方便大型商业调查的管理与组织，减轻人工工作量。高校人文社会科学研究团队的小型电话调查项目由于规模较小，频次较低，访员一般都是随调查任务临时从校园招募，督导一般为团队教师或有经验的高年级学生，因此调查的管理与质量控制相对简单，对辅助的子系统依赖程度不高。

人文社会科学研究团队小型、偶发的使用场景以及成本敏感的特性，使得建设专业的电话调查室或者采购商业电话调查系统不是一个最佳的选择。近年来，VOIP技术的不断进步与革新，涌现出了一批免费开源、功能强大的 IP-PBX① 呼叫管理系统，包含了电话调查中呼叫子系统的所有功能，同时开放开源的特性使得它还可以根据需求场景灵活地定制开发，即使在日后调查规模扩大时也不会因为底层系统架构落后而重新部署开发。因此，根据本书的指南，自主部署低成本甚至零成本的小型电话调查系统，可以较大地节省前期建设成本，快速开展电话调查任务，更为重要的是，在阶段性调查任务结束时，无须专门的场地存放设备，无须支付商业版权，无须更新换代设备。可以说，低成本电话调查系统一旦建成，后期使用过程中，除了访员的劳务费，其余的主要成本是通话费用，而且调查规模越大，其优势越发明显。

---

① PBX（Private Branch eXchange，私有电话交换机），是指集团内部的电话业务网络，通过 PBX 系统，集团内部所有分机共享一定数量的外线。相应地，IP-PBX 是指基于 IP 的集团电话系统。传统的电话系统由电信运营商组建，费用相对昂贵，而且在支持异地分支机构间通信方面局限性较大。新一代的 IP-PBX 最显著的特征是成为一个集成的通信系统，它可以完全将语音通信集成到数据网络中，从而建立能够连接各物理办公地点的统一语音和数据网络。IP-PBX 的突出优势包括将语音通话与数据网络统一起来；标准与编码开放，所有产品遵循统一标准，降低了设备的采购与维护成本；系统功能强大且高度集成，节省部署成本；基于 IP-PBX 的应用开发方便简单，实现增值服务更加容易；系统扩展与升级简单。

第二章　低成本计算机辅助电话调查的实践

2016年8月，山东大学城市发展与公共政策研究所（以下简称"研究所"）为了完成《山东省城市公共服务数据库》项目的建设任务，在考察学习中国人民大学中国调查与数据中心等兄弟单位经验的基础上，基于成熟开源的技术方案，自主部署了一整套电话调查与在线、离线数据采集系统，圆满地完成了数据库建设项目中的数据采集任务。此外，调查系统面向校内外有限度地开放使用，服务教学科研工作。截至2020年8月底，已累计服务70多位师生与教学科研团队，完成了37项在线调查任务和2项离线数据采集作业，电话调查系统累计完成了超百万分钟的电话调查任务。

在此期间，除2017年9月济南本地问卷服务器因随学院整建搬迁至青岛校区临时停机外，全套系统7×24小时连续运行至今。其中，电话调查系统得益于IP-PBX的底层架构，学院搬迁青岛校区后，仍然可以稳定地使用济南原线路，外呼号码保持不变，保障了调查工作的一致性和连续性。整体来看，研究所自主部署的系统实现了低成本、零维护的建设目标，系统架构的灵活性和运行的稳定性均得到了实践检验。

第一节　建设背景

为了打造哲学社会科学研究公共支撑平台，为文科科研提供有力的数据和方法支撑，提升原始创新能力、决策咨询能力和学科发展水平，2015年5月，山东大学启动了文科专题数据库建设工作。围绕社会需求和学科发展规划，研究所申报的《山东省城市公共服务数据库》项目，经过校内外专家评审，成为学校首批资助建设的四个文科专题数据库项目之一。

《山东省城市公共服务数据库》的建设目标是：面向山东省，监测各级城市公共服务的投入与产出，评价城市公共服务供给的结果，创建公共服务评价指标，开展全省各地级市公共服务满意度年度评估。在此基础上，分析不同时间段、不同城市地区公共服务的差异，剖析公共服务供给中的治理创新。最终成果包含客观数据、主观数据与城市大数据。

客观数据方面，研究所团队拟根据公共服务指标体系，从城市统计年鉴、城市政策法规文本、城市治理书籍和专业论文中采集客观数据。主观数据方面，研究所计划从2015年起开展山东省城市公共服务满意度年度调查，收集山东省各地级市市民对本地公共服务的满意度数据。城市大数据方面，研究所拟通过自主挖掘与合作共建等形式，采集市民信箱、12345政务热线、政务微博等大数据。通过客观数据、主观数据与城市大数据三方面数据的采集，形成山东省城市公共服务的投入与产出的基础数据。

为了完成山东省城市公共服务满意度年度调查任务，研究所基于往年社会调查实践以及在此期间所积累的经验，于2015年11月采用入户问卷调查的形式，完成了首次山东省城市公共服务满意度调查。本次调查在全省17个地级市随机抽取街道办事处和街道办事处中的社区，然后在社区范围内选取调查对象，考虑到调查中访员以及被访者等存在非系统性误差，向每个地级市发放了300份问卷，共发放问卷5100份，最终收回有效问卷4320份。

调查结束后，团队成员随即开始了对本次调查情况的总结。大家普遍觉得，研究所以往开展的相关社会调查基本都在济南市市区范围内，调查的组织管理以及质量控制相对比较容易，调查成本也相对可控，然而本次城市公共服务满意度调查，首次在全省17个地级市范围内开展，虽然经过研究所成员的共同努力圆满收官，但是其中存在几大亟待解决的难题：

第一，调查成本较为昂贵。

入户调查中，需要支付的费用除了访员的劳务费，还有大量的差旅费和交通费，以及印刷费、礼品费等其他开支。虽然学校对数据库项目提供了一定的资助，但是粗略计算下来，如果每年采用入户调查的形式，除非能以其他方式或从其他渠道获取额外资助，否则项目的经费可能无法做到完全覆盖。

第二，调查费时较长。

除了要花费不少的时间用于调查前的问卷印刷、出行准备与行前培训，调查结束后的数据编码、转录、清理与校验等工作也比较耗时而枯燥，为了降低录入误差，一般会进行双录检验，愈发加重了工作量。

第三，原始样本拒答率高。

由于封闭式小区数量的增多，入户调查的拒访率也在逐年升高。由于本调查项目主要侧重于城市公共服务满意度，其调查对象均为居住在城市社区的居民，因此原始样本拒答率较高。在部分接触率不理想的地点，为了保证样本数量，在调查过程中按照就近原则抽取了新的样本作为替换，影响了调查进度。

第四，访员的人身安全问题。

为了完成本次调查，研究所面向全院招募学生作为访员，由研究所教师或高年级学生带队赴各市进行调查。虽然研究所按照规定为所有人员购买了保险，且行前也进行了充分的培训，但是学生访员毕竟欠缺社会经验，尤其是在人生地不熟的外地，一旦遇到意外情况，处理起来将会比较棘手。

第五，调查过程中的质量监控问题。为了确保访员严格按照规定将问卷发放给抽取出来的对象，入户调查都会配备督导进行监督。以往在济南市范围内进行调查时，由于地点和人员较为集中，督导可以同时兼任访员与督导这两个角色。然而，在面向全省17个地级市同时进行调查时，受制于人员数量和时间要求，督导很难监督每组访员，这给访员作弊留下了空间。再加上年度满意度调查一般安排在年底或年初，此时北方户外相当寒冷，访员有较强动机快速完成调查以便及早返回学校。以上这些情况，都对调查的质量控制提出了更严峻的挑战。

在吸取了"2015年度满意度入户调查"经验教训的基础上，为了全面平衡研究要求、调查效果、费用成本、访员安全等因素，研究所开始全面考察其他的调查方式，走访兄弟高校的社会调查中心，向其他科研团队"取经"。值得一提的是，2016年6月，研究所主任曹现强教授和副主任王佃利教授带队，集体赴中国人民大学中国调查与数据中心走访交流，认真学习了该中心副主任王卫东教授及其团队所做的关于社会调查与数据采集管理的报告与实操演示。报告结束后，团队全体成员与该中心的各位专家交流了入户调查与在线调查的经验教训和注意事项，围绕在线调查的技术细节进行了深入交流学习。该中心所秉承的开放共享、合作发展的建设理念给团队成员留下了深刻的印象，也为团队的年度满意度调查的组织实施开拓了新的思路。

从中国人民大学中国调查与数据中心交流回来后，研究所对各种调查方案进行了综合比较和多番讨论，初步决定从2016年起，通过电话调查的形式开展山东省城市公共服务满意度年度调查。在具体实施方式的选择上，受该中心的启发，同时考虑成本的约束和团队成员的技术储备现状，首选基于现有的开源方案自建电话调查室，如果建设不达预期再考虑备选方案。

第二节　建设实践

确定了调查形式与建设原则之后，研究所主任曹现强教授委托楼苏萍老师和笔者牵头建设电话调查室。结合数据库项目的建设要求以及研究所的教学科研任务，经过多次讨论，研究所决定根据中国人民大学中国调查与数据中心的实践经验与建议，基于成熟开源的 LimeSurvey 项目，先行部署在线问卷系统解决团队的调查需求，同时后期也可以作为问卷子系统集成到电话调查系统当中。

LimeSurvey 问卷系统部署完毕后，团队初次尝到了自主建设调查系统的"甜头"。从功能上来说，LimeSurvey 包含了从问卷设计、修改、发布、回收到统计分析的全部功能，采集的数据还可以方便地导出为 SPSS、Word、Excel 等文件格式，方便后续深入分析。从支持的问题类型来看，LimeSurvey 支持是非题、单选题、多选题、带评论的选择题、填空题、评分题、矩阵单选题、矩阵多选题、复杂矩阵题、日期时间题、公式题等丰富多样的题型。从问题的组织来看，LimeSurvey 支持问题分组、回答校验、逻辑跳题、问题模板以及随机题等功能。从调查的实施来看，LimeSurvey 支持匿名和不匿名调查，支持配额管理，还支持通过电子邮件发送问卷令牌或提醒[①]。由于 LimeSurvey 是一个开源软件，一旦部署完毕，这些功能都可以完全免费获取和使用。更为人性化的是，通过 LimeSurvey 问卷系统发布的问卷，可以自动适应各种设备的屏幕大小，大到日常办公电脑，小到随身携带的智能手机，都可以无障碍地显示问卷并且轻松填答。

LimeSurvey 问卷系统搭建完成后，根据研究所的教学科研需求，

---

① LimeSurvey 是一个成熟开源、功能强大的问卷管理系统，关于它的具体功能以及其他信息，可以访问其官网 https://www.limesurvey.org/editions-and-prices/limesurvey-ce-community-features 获取。

以及在实际使用中的情况反馈，研究所对原系统进行了局部修改和优化，使其更加符合团队项目的使用需求。2017年，研究所进一步将LimeSurvey系统部署到阿里云服务器上，以方便校内外用户访问使用。部署完成后，LimeSurvey问卷系统运行至今，已经帮助校内外教学科研团队完成了近40项调查任务，得到了师生的广泛好评。

问卷系统搭建完成后，2016年暑假，研究所将全部精力投入电话调查系统的方案选择与测试工作中，在此期间，先后安装并测试使用了国内外十多款开源或可以免费使用的IP-PBX或呼叫中心系统。最后，根据系统稳定性、界面易用性、用户群广泛性、开发持续度、社区活跃度等标准，选择了基于Asterisk开源软件的FreePBX系统①作为电话调查室的核心呼叫子系统。2016年8月中旬，测试用的呼叫系统正式搭建完毕并邀请团队师生对系统进行了全面测试，检验FreePBX系统能否满足电话调查所需的各项功能，另外还对未来调查规模扩大后可能需要的呼叫保持、呼叫队列、呼叫转移、IVR语音菜单、远程接听等功能进行了测试。测试结果表明，FreePBX系统功能完全可以满足电话调查的需要，系统运行稳定，维护简单，而且系统自带开放管理接口，方便后期与LimeSurvey问卷系统等其他系统的连接，保证了灵活性与扩展性。

内部测试完毕后，研究所开始联系各大运营商申请语音专线接入，使系统具备外呼能力。2016年10月中旬，最大支持30路并发的首条语音中继线路正式开通，并发呼叫与通话录音等功能经过团队师生测试也顺利通过验收，这标志着电话调查室建设工作中的软硬件系统准备环节正式结束。剩余的工作主要包括培训团队骨干成员熟悉系统操作（主要是使用问卷创建系统、修改与发布问卷、拨打电话、监

---

① Asterisk是世界上使用最为广泛的开源通信软件，具有呼叫中心所需要的全部功能。FreePBX集团通信系统是基于Asterisk软交换平台的通信解决方案，其核心是基于开源的Asterisk系统所开发的一整套界面管理系统。本书后文还将更详细地介绍这两个系统。关于FreePBX系统的更多信息，可以参考其官网https://www.freepbx.org/。

听录音等），根据系统架构设计电话调查流程，在此基础上，优化各个调查环节在子系统之间的衔接，进一步降低督导与访员的人工工作量。

鉴于电话调查所需的核心子系统——LimeSurvey 问卷系统与 FreePBX 呼叫系统部署完毕且通过测试，团队成员对自主开展电话调查有了足够的信心，研究所决定从 2016 年起，采用电话调查的形式开展山东省城市公共服务满意度年度调查。经过近一个月的准备，2016 年 11 月 30 日，年度调查正式开始，其中访员全部从学院的本科生和研究生中招募，经过集中培训与实操后正式上岗。

具体实施上，本年度满意度调查的问卷通过 LimeSurvey 问卷系统创建与发布，并被设置为基于 Token 的访问形式。各地级市样本通过对应的手机号段自动补全生成样本框后，再使用简单随机抽样的方法抽取出来。形成最终样本表作为 Token 导入至 LimeSurvey 问卷系统，由此每份问卷对应一个随机抽样产生的移动电话号码。在此基础上，利用 LimeSurvey 问卷系统以及 FreePBX 呼叫系统提供的接口，通过简单的编程制作了特定格式的样本表供访员使用。在调查过程中，访员只需要在发放给他们的样本表上复制粘贴或直接鼠标点击即可自动拨号并打开对应的问卷。经过近 40 天的努力，团队成功地完成了 2016 年度全省城市公共服务满意度调查，共收集有效问卷 4748 份。

与去年的入户调查相比，2016 年度的电话调查最直观的变化就是成本的节约与组织方式的变化，通过这次的调查实践，研究所体会到了电话调查各方面的优势。首先，采用电话调查的形式，团队可以将主要精力集中于问卷的设计与修改完善上，无须考虑调查的时间、地点以及外出行程的规划上。其次，电话调查的访员招募相比入户调查更为简单，访员的工作安排也更为灵活，而且访员由于不用外出，其人身安全也更有保障。再次，电话调查由于使用电子问卷系统，在调查过程中可以根据被访对象的反馈，在不改变问卷基本结构与逻辑的前提下，动态地微调问卷。从此，电话调查省去了数据的录入环节，既节省了人力与时间的开支，又避免了转录过程中可能出现的错误。最后，更为重要的是电话调查在质量控制方面的独特优势，由于访员全部集中在一个房间，系统会自动记录访员的通话情况与调查进度，督导对调查过程中出现的情况可以即时反应并提出整改意见。另外，调查过程中实施的全程监督也能抑制访员作弊的情况发生。

2017年12月初，研究所继续采用电话调查的形式开展了2017年度山东省城市公共服务满意度调查。由于有了去年的调查基础，同时系统也积累了相当数量的有效样本库，2017年度调查的问卷设计、组织管理、调查与质量监控等环节的工作比较轻车熟路，对所需招募的访员数量及排班安排也更有经验，因此调查进度大为加快，仅用了不到20天便完成了5015份有效问卷的数据采集工作。

值得一提的是，2017年夏天，LimeSurvey问卷服务器随山东大学政治学与公共管理学院搬迁至青岛校区，FreePBX呼叫系统服务器与线路仍然放置于济南校区机房。得益于IP-PBX灵活的底层架构，学院搬迁青岛校区后，仍然可以在异地稳定地使用济南原线路，外呼号码保持不变，保障了调查工作的一致性和连续性。整体来看，自2015年起连续三年的全省城市公共服务满意度调查的基本情况如表2-1所示。

表2-1　2015—2017年山东省城市公共服务满意度调查基本情况

年份	问题数量（道）	有效完成问卷数量（份）	平均每份问卷完成时间（分）*	调查起止时间
2017	91	5015	17.1	2017年12月9—27日
2016	79	4748	13.3	2016年11月30日—2017年1月8日
2015	62	4432	入户调查	2015年11月20—23日**

注：*平均每份问卷完成时间指LimeSurvey电子问卷系统记录的从问卷被打开到最终提交所花的时间，一般短于实际通话时长。

**入户调查的起止时间仅统计实际入户调查所花的时间，未包含前期的行程准备与后期的数据转录等工作。

2019年以来，由山东大学政治学与公共管理学院曹现强教授担任首席专家的国家社科基金重大项目《中国基本公共服务供给侧改革与获得感提升研究》项目组正在使用电话调查的方式开展全国公共服务获得感调查，分别收集全国各省、直辖市及一线城市、副省级城市以及普通地级市民众对当地基本公共服务获得感的认识，调查结果将用于分析基本公共服务的获得感现状与供给障碍，并在此基础上建构基于获得感提升的基本公共服务供给侧结构性改革路径。这也是团队首次将电话调查的形式应用到全国范围的调查。

总体而言，山东大学城市发展与公共政策研究所自2016年以来从零开始搭建的电话调查系统，系统架构由研究所自主设计研发，全部基于成熟的开源系统，建设与维护成本低廉，系统功能丰富、运行稳定、自主可控。利用这套自建系统，研究所顺利地完成了山东省城市公共服务满意度年度调查，并且在2019年拓展至全国范围内的基本公共服务获得感调查，这一实践为人文社会科学研究团队开展低成本电话调查作出了有益的探索。相比入户调查的形式，电话调查对资金和时间友好，调查的过程更加可控，有利于提高数据收集的质量。除此之外，在多年的实践中，团队还体会到了自建电话调查系统的额外优势，主要包括：

第一，自主建设的电话调查系统，网络环境上与外网隔离，数据更加安全可控。由于电话调查系统只在局域网内部供团队成员使用，不对外提供服务，而且全部数据都保存在自有的服务器或主机上，因此数据更加安全可控。只要做好备份，在调查期间将重要数据定期导出，就基本不用担心数据被窃取或被破坏。

第二，自主建设的电话调查系统，可以保证项目团队获得关于调查的全部原始数据，包括但不限于样本、调查反馈、通话录音、各项系统meta记录等。基于成熟开源的系统建设的电话调查系统具有丰富的功能，在调查过程中，除了能记录常规的问卷数据，还可以形成包含人口统计学特征的样本库，详细的通话记录与通话录音，每份问卷填答所花时间甚至每道问题所花时间。全面详细而种类丰富的信息，为后期的各项研究积累了宝贵的数据。

第三，在电话调查过程中，只要组织得当，电话调查同样可以用于较多问题或较长时间的调查。传统上一般认为电话调查适合询问比较简单的问题，问卷设计题目数量不能太多，整个调查最好控制在10—15分钟，然而研究所近几年的满意度电话调查实践表明，这一标准并非不可逾越。比如2017年的满意度调查，整份问卷问题总数超过了90道题，平均每份问卷通话时长超过了17分钟，团队仍然在较短的时间内完成了调查任务。更为关键的是，实践表明，电话接通后，只要被访者同意接受调查，中途挂断电话的比率很低。进一步分析FreePBX呼叫系统的通话记录数据发现，通话时长超过30分钟的样本占比达到23.3%，说明有相当数量的被访者接受通过电话的形式进行交流，督导与访员的反馈也印证了这一判断。以上调查的实践表明，只要组织得当，访员训练有素，电话调查同样可以适用于较长的问题与较复杂的问题。

第四，基于IP-PBX的电话呼叫系统不依赖专属硬件和场地，系统架构灵活、扩展性好，只要有网络连接，团队成员就可以随时接入系统完成质量监控工作，提高了工作效率。2017年，研究所随学院整体搬迁至青岛校区后，虽然FreePBX呼叫系统服务器与LimeSurvey问卷服务器分别位于济南与青岛两个校区，但是通过校园网的连接，各项调查程序与组织均与搬迁前保持一致。在调查过程中，项目负责人与督导在校园任意一台联网的电脑上都可以定时查看调查进度、开展质量控制等工作，保障了调查工作的一致性和便利性。

第五，自主建设电话调查系统，自主开展电话调查的过程，也是对调查团队凝聚力和向心力的检验与提升。系统搭建过程中，成员们不但要琢磨调查项目的组织与实施，还要手把手亲自组装与配置设备，可谓"手脑并用"。在此过程中，团队成员们群策群力，朝着同一个目标努力，通过不断解决前进路上的一个又一个问题，最终收获胜利的喜悦。正如团队里曾经深度参与过系统搭建与调查实施的一位博士研究生所言："自主电话调查是一个全面质量控制的过程，从问题导向的内容设计，到系统搭建、输入与调试，从手册编写、人员培训，到梯队建设等，各个环节都需要严谨推进而又环环相扣。电话调查又是一个组织协调的过程，团队成员高效的协调、互动与反馈是保障每项任务顺利进行的关键。"

第六，自主开展电话调查，给广大参与调查的学生访员提供了一个了解社会、理论联系实践的良好机会。"纸上得来终觉浅，绝知此事要躬行"，对于人文社科专业的学生来说，参加社会调查活动是理论联系实践的一门"必修课"。学生访员在调查过程中，可以接触到全国各地区、各行业、各年龄段和性别的城乡被访者，了解他们对公共政策的想法和感受，这一活动有利于拓展访员的视野，激发学生的思考，将理论知识联系到实际应用中来。学生访员在与形形色色的被访者沟通过程中，可以亲身体会到我国各群体的生活状态与"民间疾苦"，有助于加深访员同学们对社会的了解，并形成同理心，在一定程度上也有助于培养学生的"家国情怀"与人文关怀。此外，小组合作是调查项目实施的主要组织形式，小组内部与小组间的经验交流和分享，有助于培养访员同学们乐于合作的团队精神。除此之外，访员同学们在电话沟通中锻炼出来的表达能力与抗压能力，以及如何处理调查过程中遇到的突发事件，对其今后的学习深造与工作生活均有裨益。

第三节　小型电话调查室的系统架构

相比大型商业电话调查系统，小型电话调查系统仅包含核心系统模块，主要目的在于建设一套架构简洁、成本低廉、稳定可用的小型调查系统，方便人文社科研究团队快速开展电话调查。山东大学城市发展与公共政策研究所近年来的电话调查实践表明，基于IP-PBX的基础架构既能满足团队的调查需求，又能充分保证系统的灵活性与扩展性。具体来看，小型电话调查系统主要包括呼叫子系统、问卷子系统、外呼线路、访员终端（电话分机）、路由器、防火墙（单独或系统内置）等要素，各子系统之间通过网络与开放接口有机地连接在一起。

在 2017 年 LimeSurvey 问卷系统服务器随学院整体搬迁至青岛校区以前，电话调查系统的全部子系统及设备均位于同一局域网内，放置在济南校区一间办公室内。LimeSurvey 问卷系统服务器、IP-PBX 呼叫系统服务器以及访员终端通过路由器连接在一起，组成一个局域网。IP-PBX 呼叫系统启动后，访员终端通过局域网注册到呼叫系统，组成内部电话网络，在未开通运营商外呼线路以前，内部分机之间可以互相通话或召开电话会议，但无法向外拨打电话。电信运营商外呼线路开通并正确配置后，呼叫系统可以通过此语音专线连接至电信运营商，从而将内部分机所拨打的电话号码传递给运营商，拨通被访对象。在通话过程中，访员在电脑上访问问卷系统，拉取对应的电子问卷，根据被访对象的回答填写问卷。因此一个完整的电话调查实际上包括两个并行不悖的流程：①访员电话终端注册到呼叫系统，呼叫系统收到访员电话终端发出的外呼请求后将其通过语音专线提交给运营商，运营商电话网络拨通对应号码后，访员与被访对象之间建立通话，FreePBX 呼叫系统同时处理通话监听、通话录音等活动。②访员终端访问问卷系统，打开相应的电子问卷并根据被访对象的回答填写问卷，填写完成后提交（见图 2-1）。

2017 年暑假，问卷系统服务器随学院搬迁至青岛校区，但由于新校区各项配套设施尚不完备，短期内难以接入一条新的语音专线，导致呼叫系统服务器与外呼线路仍留在济南校区，这一现状给 2017 年度的山东省城市公共服务满意度调查带来了新的挑战，其中最关键的一环是访员在青岛校区如何使用济南的语音线路拨打电话。得益于 IP-PBX 呼叫系统的灵活性与开放性，FreePBX 系统在构建异地分支机

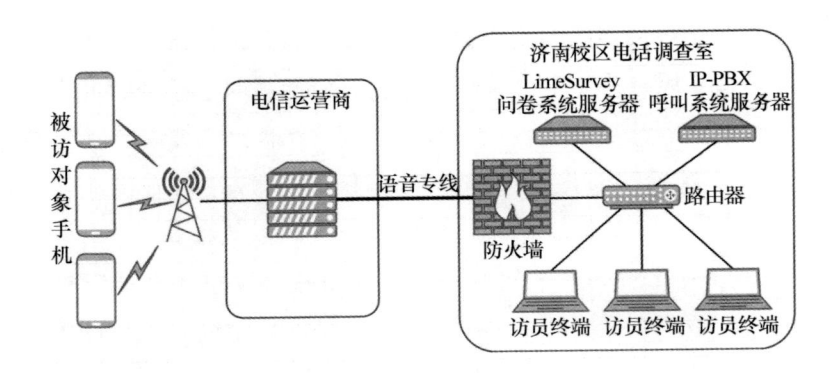

图 2-1　电话调查系统架构（搬迁前）

构间通信网络方面非常方便，因此在 2017 年秋季，团队对电话调查室的系统架构进行了局部的调整，调整后的新系统架构如图 2-2 所示。具体的呼叫流程上，放置在青岛校区教室的访员电话终端通过校园网远程注册到济南校区的 FreePBX 呼叫系统服务器，组成一个内部电话网络，呼叫系统然后通过语音专线连接至电信运营商服务器，将内部分机所拨打的电话号码传递给运营商，拨通被访对象的手机。在通话过程中，访员在电脑上访问位于同一局域网内的问卷系统，拉取对应的电子问卷，根据被访对象的回答填写问卷。在新的系统架构下，由于呼叫系统服务器需要面向局域网外提供服务，因此需要合理配置防火墙，以阻止未授权的访问，保证系统安全。

通过对研究所近年来的低成本电话调查实践及小型电话调查室系统架构的梳理，可以直观地发现，一个完整的小型电话调查室包含四个部分，分别是电信运营商语音线路、呼叫系统、电子问卷系统、访员终端。这几个部分，电信运营商语音线路提供电话外呼能力，使得内部分机可以拨打手机号码；呼叫系统用来组建内部电话网络，作为桥梁连接内部分机与外部语音线路，同时承担一系列呼叫管理与监控的功能；电子问卷系统提供问卷的制作、发布、回收与分析等功能，提高调查数据的收集与分析效率；访员终端既作为电话分机注册到呼

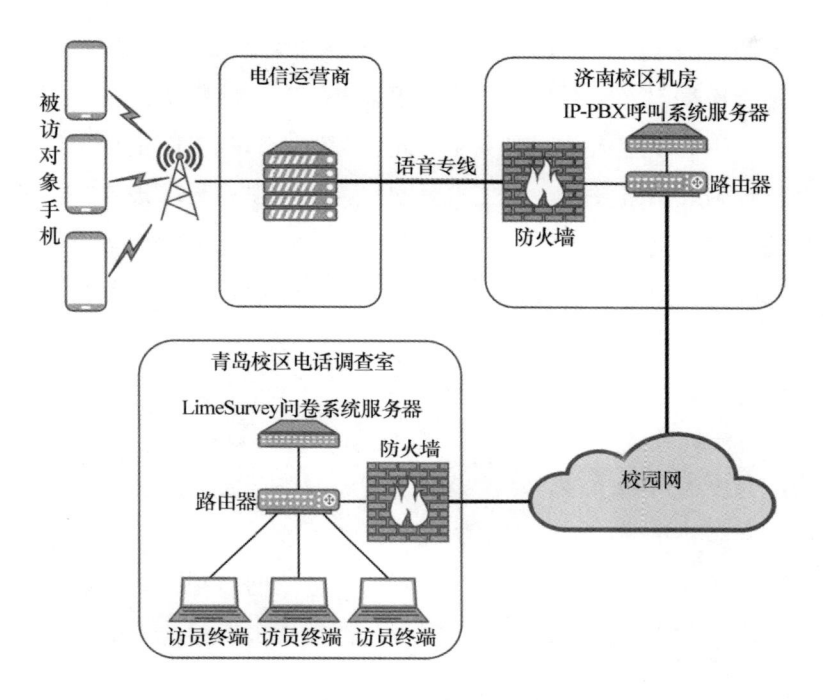

第二章 低成本计算机辅助电话调查的实践 / 31

图 2-2 电话调查系统架构（搬迁后）

叫系统实现通话功能，又用来访问电子问卷系统拉取并填答问卷。这几个部分，通过网络连接起来，组成了一个完整的电话调查系统。

第四节 小型电话调查室的设备与网络拓扑

了解了小型电话调查室的系统架构后，本节主要介绍低成本部署的小型电话调查所需的设备，以及设备的连接方法、网络拓扑与基本网络配置。

一 小型电话调查室设备一览

根据小型电话调查室的系统架构，其所需的设备也可以分为相应的几大类别：①电信运营商语音专线设备；②安装呼叫系统与电子问卷系统的电脑主机；③访员终端（电脑与通话设备）；④将各部分设备与系统连接起来的网络设备。由于本书旨在以低成本甚至零成本建设稳定可用的小型电话调查室，因此设备选购的基本原则是优先利用现有的电脑或网络设备，避免重复购置，节约建设与维护成本。如果团队的项目资金较为充裕，可以采购全新或更高性能的设备，但在满足小规模的电话调查项目需求上，新旧设备在运行速度上不存在质的区别。

1. 电信运营商语音专线设备

语音专线业务是指政企大客户通过 PBX 等设备以专线的方式与电信运营商的网络连接，利用电信运营商网络开展语音通信业务。有了语音专线，小型电话调查室的呼叫系统才能将本地电话分机所拨打的号码发送至运营商，从而通过运营商的电信网络呼叫出去。本质上来说，语音专线类似于家庭网络宽带，都是用来传输数据的，二者不同之处在于：①语音专线传输的是语音流量，而家庭网络宽带传输的是数据流量；②语音专线是客户独享的线路，而家庭宽带是多个客户共享的线路；③语音专线一般会分配固定的 IP 地址，而家庭宽带一般不会分配固定的 IP 地址；④相比家庭宽带线路，语音专线更加稳定。

语音专线的开通，一般联系运营商的政企部或者客户经理，告知线路需求及所需号码数量（一般为 30 的倍数），同时协商线路租用资费，然后根据要求提供相应的资料完成开户流程。由于各地区以及各个运营商的政策不同，语音专线从申请到正式开通可能需要几周到一两个月的时间，因此如果有较为紧急的电话调查任务，务必预留足够的时间①。

语音专线正式开通后，运营商会发给语音专线的配置信息，一般

---

① 语音专线不同于普通的家庭宽带，一般需要光纤电缆入户，因此运营商接受开户申请后，还需要进行资源调查，制定施工布线方案并开始施工，这一过程需要额外的时间。

包括网络配置信息（分配的 IP 地址、子网掩码、网关等信息，用于配置在路由器的 WAN 端口上，使得电话调查室的网络能够通过专线连接到电信运营商的网络）以及 SIP[①]语音服务器的配置信息（SIP 服务器地址、用户名、密码等信息，用于 FreePBX 的中继线路配置，使得电话调查室的内部分机能够向外呼出电话）。

随着技术的升级换代，目前向各大电信运营商申请语音专线时，运营商一般开通的是采用光缆连接的数字中继，与以前的模拟中继线路相比，数字中继线路带宽大、不易掉线、接通率高、语音质量好。语音专线涉及的设备主要包括将运营商的光缆转换为 RJ45 网络接口[②]的光调制解调器（光猫），转换完成后，可以使用普通网线将其与内部的网络设备连接起来。语音专线设备一般由提供语音服务的运营商提供，不需要额外购置。

2. 安装呼叫系统与电子问卷系统的电脑主机

承担 IP-PBX 职能的既可以是专业的 PBX 硬件设备，也可以是 IP-PBX 软件系统，二者的区别主要在于功能的实现方式不同。专业 PBX 硬件设备的定价一般取决于制造商品牌与所支持的分机数量等因素，价格从数千元起步。山东大学城市发展与公共政策研究所选择的基于开源免费的 FreePBX 呼叫系统方案，具有功能丰富、稳定高效、界面简洁、成本低廉、扩展灵活的特点，比较适合预算有限的人文社科研究团队。对于小型电话调查来说，FreePBX 对电脑主机的参数要求不太高，几乎所有日常使用的电脑都能满足要求，甚至近几年闲置下来

---

① SIP（Session Initiation Protocol，会话发起协议），是由 IETF（Internet Engineering Task Force，因特网工程任务组）制定的一个用于建立、修改和终止多媒体会话的应用层控制协议。总体来说，SIP 侧重于将 IP 电话作为互联网上的一个应用，所以它继承了互联网协议简单、开放、灵活的特点，具有较好的伸缩性。目前基于 IP-PBX 的呼叫系统，其绝大部分外呼线路与内部话机均采用或支持 SIP 协议，使得 SIP 协议成为事实上的行业标准。

② RJ 是 Registered Jack 的缩写，直译为"注册的插座"。在 FCC（美国联邦通信委员会标准和规章）中 RJ 是描述公用电信网络的接口，计算机网络的 RJ45 是标准 8 位模块化接口的俗称，常见于路由器、交换机、台式电脑网卡上，一般也叫"网口"。

的台式电脑或笔记本也可胜任，无须另行购置专门的服务器①。具体电脑主机的选型可以参考后文的硬件准备部分，根据本团队所需的分机数量与通话业务量确定。

电话调查中的另一大系统——LimeSurvey 电子问卷系统在小型电话调查环境中对硬件需求也不高，同样可以安装在淘汰的台式电脑或笔记本上②。在具体的部署方式上，呼叫系统与电子问卷系统既可以分别安装在闲置的二手电脑主机上，也可以使用虚拟化的方式同时安装在一台配置较高、年代较新的电脑主机或入门服务器上。不过由于虚拟化的安装方式需要团队成员具备较高的操作系统与网络基础知识，对小型团队的技术储备要求较高，因此本书的介绍将基于单独的电脑主机的安装方式展开。

3. 访员终端电脑与通话设备

传统上电话调查室的访员终端一般配备电脑一台、电话机一部，分别负责访问问卷系统以及接打电话，受益于 IP-PBX 呼叫系统的灵活性以及 SIP 协议的开放性，通过在访员的电脑上安装电话客户端软件，就可以实现与硬件电话机相同的功能，使得在一台电脑上既可以访问电子问卷，又可以接打电话。采用此方案建设的电话调查室，不需要采购专门的电话机，只需要购买与电脑接口相匹配的麦克风和耳机。此举既降低了设备的采购与后期维护成本，又提升了系统的灵活性。

4. 将各部分设备与系统连接起来的网络设备

根据上一节所描述的小型电话调查室的系统架构，路由器在其中

---

① FreePBX 还可以被安装在小型、廉价的开发板上，如流行的树莓派等。经实践测试，树莓派 1 代可以稳定地支持 8 路并发呼叫，较新的树莓派 3 代理论上可以支持更高数量的并发。如有兴趣，可以参考 Asterisk for Raspberry Pi 的网站介绍，网址：http://www.raspberry-asterisk.org/。

② 本书主要介绍 FreePBX 以及内部通话网络的安装配置过程。有关 LimeSurvey 的安装与操作，可以参考官网教程（https://manual.limesurvey.org/）。LimeSurvey 官网文档比较丰富，安装过程按照教程指引的步骤顺序操作即可。

发挥着枢纽的作用。一方面它连接着电话调查室内部的呼叫子系统、电子问卷子系统、访员终端，组成一个局域网，方便各子系统之间互相访问，另一方面它将调查室内部的呼叫子系统与电信运营商的线路连接起来，使得内部话机拨出的号码能够传入电信运营商系统。由于路由器肩负着电话调查室内各子系统之间以及系统内外的所有数据流量转发，因此从某个方面来讲，小型电话调查室的稳定运行，路由器的作用至关重要。

路由器设备的选型，应该根据调查室规划的访员终端数量而定。经过测试，普通的办公用入门级路由器（价格200元左右，如华硕RT-AC1200）可以满足10台左右访员终端的组网需求，办公用中高端路由器（价格800元左右，如华硕RT-AC86U）可以满足20台左右访员终端的组网需求，超过20台访员终端时最好选用企业级路由器组网（如华三ER3260G2），以保证峰值并发时的网络吞吐和系统稳定性[1]。由于路由器的LAN端口[2]数量有限（通常不超过四个），因此当有线连接的访员终端数量超过两台时[3]，还需要购置相应数量端口的交换机将各个有线连接的访员终端电脑连接起来。当然，如果没有特殊需求，当访员终端数量小于10台时，可以优先利用办公室现有的无线路由器组网，访员使用笔记本电脑以无线形式连接至路由器，可以不用额外购置交换机。

5. 可选设备

为了保证系统的安全，专业的电话调查室通常需要配置防火墙以

---

[1] 以上路由器品牌与型号只为示例，不作推荐。在实际选择时可以根据预算多寡、访员终端规模、是否需要无线WiFi功能选择所需型号。

[2] 通俗地讲，路由器的LAN端口与WAN端口分别用于连接内部网络与外部网络。路由器LAN端口与无线WiFi用于连接内部网络，使得内部设备之间组成局域网。路由器WAN端口连接的是外部网络，使得局域网内部设备可以从WAN端口出去访问因特网，光纤入户通过光猫转换后的网线一般就连接到WAN端口。

[3] 为了保证服务的稳定性，呼叫系统与电子问卷系统服务器最好采用有线连接方式连接至路由器，需要分别占用一个网络端口，这样通常路由器上配备的四个LAN端口只剩下两个可用。

阻止来自外部的未授权访问。小型电话调查室由于服务器与访员终端都安装在局域网内，电信运营商的语音专线仅用于语音外呼，不涉及对外部数据网络的连接，也不需要面向公网开放端口[①]提供服务，因此除非有特殊需要，路由器自带的防火墙功能足够使用，无须购置专门的防火墙。

近年来，由于轻薄化的技术发展态势，越来越多的笔记本电脑精简了有线网络接口，仅通过无线 WiFi 联网，这一变化降低了网络布线工作量，使得电话调查室更整洁美观，但同时也对无线网络的稳定性提出了更高的要求，尤其是在访员终端数量较多时更为明显。语音通话不同于网页浏览，当出现间歇性的网络中断或延迟时，通话双方可以明显察觉到。山东大学城市发展与公共政策研究所历年的组网实践表明，当使用无线 WiFi 联网方式的访员终端数量超过 20 台时，普通的办公用中高端无线路由器开始饱和，容易发生间歇性的网络中断、重新连接、语音断断续续等现象，因此，当无线访员终端数量超过 20 台时，建议配置专用的无线 AP[②]供笔记本电脑连接。山东大学城市发展与公共政策研究所购置的 UBNT 牌 UAP-AC-PRO 这一型号的无线 AP，实测可以保证 40 台终端同时稳定连接，在实际的部署过程中，具体选用何种型号的无线 AP，可以根据房间大小、终端数量以及路由器型号综合考虑。

---

① 网络端口是指 TCP/IP 协议中的端口。如果把 IP 地址比作一间房子，房子内部放置着电脑或服务器等设备，端口就是进入这间房子的门。根据协议规定，一个 IP 地址的端口可以有 65536 个。一般情况下，网络入侵者要攻入房子内部的电脑或服务器，势必要破门而入，因此上级路由器关闭端口可以降低被攻入的可能性。

② 无线 AP（Access Point，接入点）是专门供使用无线 WiFi 连接方式的设备（笔记本电脑、手机等移动设备）接入有线网络的设备，主要用于办公大楼、校园内部、园区内部以及仓库、工厂等空间较大、无线接入设备较多的场所。无线 AP 在设计时充分考虑到了较大数量的设备接入，而且设备的无线覆盖能力远远超过家用路由，一般还可以远程控制和配置，且支持 POE 网线供电。虽然一般的无线路由器也带有无线接入功能，但是由于其兼顾有线和无线，且承担着繁忙的网络中继与转发任务，因此在无线接入的功能上没有无线 AP 稳定。

除此之外，还可以根据电话调查室的设备价值，调查任务的重要程度，以及供电网络的稳定性，额外购买 UPS 设备①。有了 UPS 设备时，万一遭遇市电停电，电话调查室内的骨干设备不会突然关机，可以依靠 UPS 设备电池提供的电能，继续运行若干时间，为结束正在进行的通话或正常关闭主机提供了额外的等待的时间，从而为小型电话调查室的软硬件系统提供更好的保护。

整体来看，小型电话调查室所需的设备如表 2-2 所示。

根据表 2-2 可以发现，如电话调查室访员终端数量在 10 台以内，且大部分终端为使用无线 WiFi 连接方式的笔记本电脑时，基本上可以使用现有的路由器组网，呼叫系统与电子问卷系统安装在现有的主流配置或配置较低的电脑主机上。为了提升通话质量，降低访员通话之间的相互干扰，最好购置集成的麦克风耳机。即使所需设备全部新购，建设一个包含 10 台访员终端的小型电话调查室，其设备购置成本也可以控制在 7000 元以内（其中两台核心系统主机花费 6000 元），建设一个包含 30 台访员终端的电话调查室，其设备购置成本可以控制在 15000 元以内。

二 小型电话调查室的网络拓扑与配置

小型电话调查室所需的设备准备完毕后，需要按照系统架构的要求布线，将各类设备有机地连接起来组成网络。基于研究所的调查实践，小型电话调查室的网络拓扑连接图如图 2-3 所示。

---

① UPS（Uninterrupted Power Supply，不间断电源），是一种含有电能储存装置，以逆变器为主要元件、稳压稳频输出的电源保护设备，通常用于为机房服务器、计算机、网络系统或其他电力电子设备提供优质不间断的电力供应。当市电正常输入时，UPS 将市电稳压后供应给负载使用，同时向本机内的电池充电。一旦市电中断时，UPS 将瞬时切换，立即将本机内电池的电能通过逆变器转换为 220V 交流电供给负载设备，从而保护负载设备的软硬件不受损坏。

表2-2 小型电话调查室所需的设备

设备类别	设备名称	设备功能	必需或可选	新购或利用现有设备	价格（元）*
语音专线设备	光调制解调器（光猫）	将运营商的入户光缆进行光电信号转换，以便接入协议的转换，以便接入路由器	必需	运营商线路接入时一般会免费提供	—
核心系统主机	呼叫系统主机	安装并运行呼叫中心系统，组成内部电话网络并完成各项呼叫功能	必需	规模不大时可利用现有或淘汰的电脑主机	3000—9000
	电子问卷系统主机	安装并运行电子问卷系统，实现问卷制作、发布、收集与数据分析等功能	必需	可利用现有或淘汰的电脑主机	3000—5000
访员终端	台式电脑	与被访人通话、访问电子问卷系统并根据被访人回答情况填答问卷	必需	根据情况，选择一种设备或多种设备混合使用	5000
	笔记本电脑				5000
	平板电脑				2500
	麦克风耳机	声音信号的转换	必需	可利用现有设备	60

续表

设备类别	设备名称	设备功能	必需或可选	新购或利用现有设备	价格（元）
网络设备	路由器	连接调查室内所有设备组成局域网，连接电信运营商语音专线，将内网呼叫传送给运营商网络	必需	访员终端数量小于10台时可利用现有路由器	300—3000
网络设备	交换机	扩展路由器的LAN端口，以便连接更多的有线设备	可选	当有线连接的设备数量超过路由器空余LAN端口数量时使用	400—3000
网络设备	无线AP	将无线设备接入网络	可选	建议当无线访员终端数量超过20台时使用	1000—2000
网络设备	防火墙	隔离内网与外网，阻止来自外部的未授权的访问	可选	不对公网提供服务时不需要	1000—3000
高可用性设备	UPS不间断电源	市电停电时继续为设备提供一定时长的供电	可选	新购	500—5000

注：*表中所示价格均为新购置时的单台设备价格，个别设备价格区间较大是因为访员终端数量不同，对设备的性能及规格要求不同所致。以上各项设备价格仅供参考，实际购买价格随设备品牌型号及市场行情波动而变化。

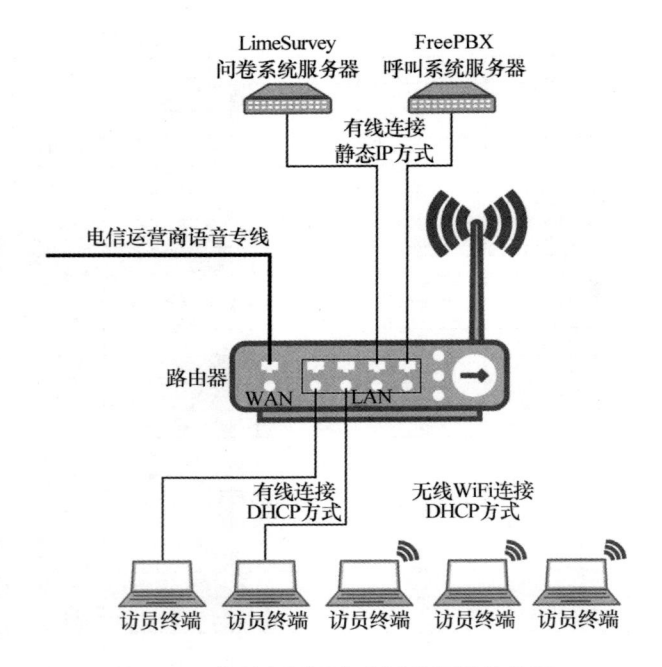

图 2-3　小型电话调查室网络拓扑连接图

电话调查室内的全部设备，包括呼叫系统服务器、电子问卷系统服务器、访员终端等应全部连接至路由器组成局域网。当访员终端数量较少时（少于 10 台），可以将呼叫系统服务器与电子问卷系统服务器连接至路由器的 LAN 口，访员终端连接至路由器空余的 LAN 口或通过无线 WiFi 连接至路由器。当采用有线连接方式的访员终端数量较多时，最好购置相应端口数量的交换机，将呼叫系统服务器、电子问卷系统服务器、具有 RJ45 网络接口的访员终端连接至交换机，再将交换机连接至路由器的 LAN 口，剩余的没有 RJ45 网络接口的访员终端通过无线 WiFi 或无线 AP 连接至路由器。局域网内设备正确连接后，启动呼叫系统服务器与电子问卷系统服务器，稍等数分钟，访员终端应能顺利访问电子问卷且相互之间能进行内部通话。剩下的工作就是将电信运营商的语音专线连接至路由器的 WAN 口，使得内部访员终端所拨号码能通过专线呼叫出去。

具体的网络配置可依据不同品牌与型号的路由器，参考设备的说明书操作。一般来说，应尽量将路由器设置为使用DHCP①的方式为局域网内的下端设备分配IP地址，这也是通常路由器的默认设置。为了使用与管理的方便，避免服务器IP地址的变化导致访员终端无法注册到呼叫系统或访问电子问卷，应在路由器上将呼叫系统服务器与电子问卷系统服务器的IP地址与设备的MAC地址进行绑定（如分别设置为192.168.11.101与192.168.11.102）。这样路由器会将这两个IP地址保留起来，下次路由器自动分配IP地址的时候，这两个IP地址就不会再分配给别的设备了，这使得呼叫系统服务器与电子问卷系统服务器重启后仍然会获得原来的IP地址。在WAN口连接参数配置上，电信运营商一般会为语音专线分配静态IP地址，因此应根据电信运营商提供的网络参数在路由器上正确地配置。电话调查室全部设备正确连接与配置后，可以在路由器上或访员终端上使用PING②命令测试网络连接是否畅通，同时测试是否可以正常连接至运营商提供的SIP语音服务器。

电话调查室设备连接与网络配置完毕且测试通过后，下一章开始正式进入呼叫系统的安装与配置工作，一步一步搭建小型电话调查系统并完成调查任务。

---

① DHCP（Dynamic Host Configuration Protocol，动态主机配置协议）通常用于快速、自动地分配并集中管理网络中的IP地址，使网络环境中的主机动态地获得IP地址、子网掩码、网关地址、DNS域名服务器地址等信息。我们平时经常接触到的路由器大部分都是采用DHCP的方式为接入的设备（如手机、笔记本电脑等）自动分配IP地址。

② PING（Packet Internet Groper，因特网包探索器），是一个用于测试网络连接的程序。PING命令通常用于确定本地主机是否能与对方主机成功交换数据包，再根据返回的信息推断网络参数是否设置正确，以及运行是否正常、网络是否通畅等。在Windows 10系统里，可以鼠标点击开始徽标，键盘输入"cmd"打开系统的命令行程序，然后输入"ping IP地址"这一格式的命令（如ping 192.168.11.1）测试网络的连通性。

第三章　呼叫子系统的安装与初始配置

呼叫子系统的功能实现主要基于 FreePBX 系统。FreePBX 系统的前身是 Asterisk Management Portal，是一个强大的通过网页配置 Asterisk 系统①的工具。FreePBX 基于 Asterisk 软交换平台，提供集团通信解决方案，拥有丰富多样的功能，支持 SIP 线路接入、模拟线路接入、数字线路接入等多种接入方式。相比其他的同类系统，FreePBX 界面友好易用，各类文档丰富，开发与社区支持活跃，是目前世界上使用最广泛的开源通信系统之一。除此之外，FreePBX 系统还提供了一系列的增强模块，扩展了 Asterisk 基础系统的功能，其最新版本更是包含了智能防火墙模块，在保证易用性的同时，提升了系统的安全性。基于 FreePBX 系统，调查团队可以迅速地搭建起一个功能强大、灵活方便的呼叫中心与电话调查系统。更为重要的是，FreePBX 运行于 Linux 操作系统之上，其稳定性和安全性经过了时间的检验。

FreePBX 系统可以安装在常见的 Linux 操作系统之上，如 CentOS、

---

① Asterisk 是一个开源的 VOIP PBX 系统，是一个纯软件实现的企业通信交换机，可以实现与基于硬件的电信交换机同样的功能，而且功能更加丰富和灵活。Asterisk 系统最初于 1999 年由马克·斯潘塞（Mark Spencer）为了满足自己公司的通话要求而开发的，2001 年起 Mark Spencer 将公司改名为 Digium，持续与社区一道开发完善 Asterisk 系统并围绕该系统提供相关的商业产品与服务。由于 Asterisk 支持众多的操作系统，可以提供最大程度的灵活性，降低企业成本，如今，Asterisk 系统已经成为无数个通信解决方案的基石，成为事实上的行业标准，市面上能找到的 IP-PBX 系统或产品，其核心极有可能便是 Asterisk 系统。如想了解更多关于 Asterisk 系统的信息与文档，可以访问官网 https://www.asterisk.org/。

Debian 以及 Ubuntu。为了方便用户使用，降低安装与配置难度，FreePBX 官方推出了集合 Linux 操作系统、FreePBX 系统以及其他常用模块（免费使用与商业授权）的发行版，制作成 ISO 镜像文件形式供下载并刻录使用。通过发行版的安装方式，安装程序将自动执行一系列操作，无须用户花费时间逐个编译、安装、配置各个系统及模块，有效地避免了安装过程中可能出现的未知错误，增强了易用性。这使那些从来没有接触过 Linux 操作系统的人也可以无障碍地完成系统安装工作，快速地搭建一个高效强大的呼叫中心系统，从而将主要精力放在系统安装完成之后的配置使用与电话调查实施上。总体上来说，这一过程与平时安装 Windows 操作系统相类似，因此除非特别说明，本书对安装过程的介绍均基于发行版的安装方式[①]。

完整的 FreePBX 系统安装与初始配置包含如下几个具体步骤：

第一，硬件准备。检查系统与硬件要求，准备相应的电脑或硬件设备。

第二，启动盘制作。下载系统安装镜像文件，确定安装方式，并制作对应的启动盘，用于后续安装。

第三，呼叫子系统安装。启动电脑并根据安装程序提示完成 FreePBX 系统的安装工作。

第四，初始配置。基础系统安装结束后，启动 FreePBX 系统并根据向导完成首次启动后的一些初始配置工作。

第一节　硬件准备

电话调查系统高度依赖语音通信与数据通信网络，可靠稳定的网络

---

① 如果希望安装过程更加可控，或者打算搭建一个不包含任何 FreePBX 商业授权模块的"纯净"系统，可以按照官方提供的教程，依次安装 Linux 操作系统和 FreePBX 呼叫中心系统。详细安装步骤可以参考 https：//wiki.freepbx.org/display/FOP/Install+FreePBX。由于我们安装 FreePBX 系统的最终目的是快速地开展电话调查，因此除非有特别需求，或者有专业人员指导操作，不推荐采用这种方式安装。

连接是优良的通话质量的前提，因此在正式安装 FreePBX 系统之前最好参考上一章的内容检查网络架构与配置，确保数据线路通畅稳定。

硬件方面，FreePBX 系统对小型电话调查的要求较低，建议根据用户数与通话并发数的规划，参考下表选择相应配置的电脑进行部署。正常情况下，手头现有的台式机、笔记本电脑，甚至配置较低的老式电脑几乎都能满足小型电话调查的要求，无须另行购置设备（见表 3-1）。

表 3-1　　　　　　　　FreePBX 系统推荐硬件配置

	小型	中型	大型
用户数	小于等于 20 台	20—100 台	100—400 台
通话并发数	小于等于 20 台	20—100 台	100—150 台
CPU	Intel 赛扬双核或以上	Intel 赛扬四核或以上	Intel Core i5 或以上
内存	2GB	4GB	8GB
硬盘*	40GB 或以上	120GB 或以上	250GB
网络**	100Mbps 或以上	1000Mbps 或以上	双路 1000Mbps 或以上
光驱***	推荐	推荐	推荐
显示器****、键盘、鼠标	安装完毕后不需要	安装完毕后不需要	安装完毕后不需要

注：*当通话并发数大于 10 台或需要通话录音功能时，建议配置 SSD 固态硬盘，以增强系统稳定性，提升运行速度。

**无线网络容易受到干扰，为了保证网络连接的稳定性，最好使用有线网络连接。

***为了系统安装便利，最好配备光驱，通过光盘启动的方式安装系统。当然也可以将 FreePBX 系统镜像文件写入 U 盘作为启动盘进行安装。系统安装完毕后不再需要保留。

****显示器和键盘、鼠标仅在初次安装过程中使用，安装完毕后，FreePBX 系统的全部配置与维护工作均可以在其他电脑上操作，FreePBX 系统主机不再需要配备显示器和键盘、鼠标。

第二节　启动盘制作

确定了需要安装 FreePBX 系统的电脑后，下一步需要制作安装启动盘，用于启动电脑并运行安装程序完成后续的安装工作。可以前往

FreePBX 官网（https：//www.freepbx.org/downloads/）下载发行版的镜像文件①，镜像文件为.iso 格式，文件大小约 2GB。下载完毕后，最好检查下载下来的文件的 MD5 值②是否与官网一致，确保下载的文件与原文件一致。在 Windows 系统的电脑上，可以打开 CMD 命令行程序，然后运行"CertUtil - hashfile D：\ SNG7-FPBX-64bit-1910 - 2.iso MD5"命令（假设文件保存在 D 盘，文件名为 SNG7-FPBX-64bit-1910 - 2.iso），稍等片刻系统便会计算出文件的 MD5 值。（见图 3 - 1）将计算出的 MD5 值与官网提供的 MD5 值（fa1407c4d28b815803215 89ddcc28085）对比发现二者完全一致，说明所下载的文件正确无误。

图 3 - 1　使用 Windows 命令行程序计算文件的 MD5 哈希值

文件下载与校验完成后，需要制作安装启动盘用于启动电脑并完成后续的安装。在制作之前，准备一张空白的刻录光盘用于写入安装镜像文件，如果电脑没有光驱，也可以使用一个容量大于 4GB 的 U 盘。下面分别介绍启动光盘和 USB 启动盘的制作方法。

---

　　① 本书的介绍及使用均基于 SNG7-PBX-64bit-1910 这一版本，为了和后面的指南步骤保持一致，建议下载相同的版本。
　　② MD5 信息摘要算法可以产生一个 128 位的哈希值，用于确保信息传输的完整性。一般来说，对一个文件所做的任何变更都会导致其 MD5 哈希值改变。基于这一特性，使用 MD5 算法可以为文件产生一个独一无二的"数字指纹"，在通过互联网或其他途径拷贝文件后，通过检查文件前后 MD5 值是否一致，就可以知道源文件是否被改动过。

一 刻录启动光盘

刻录启动光盘的过程是使用刻录程序将所下载的 FreePBX 系统镜像文件写入空白光盘，Windows 7 以上操作系统原生支持刻录操作。打开 iso 镜像文件所在的文件夹，鼠标右键点击镜像文件即可看到"刻录光盘镜像（Burn disc image）"的选项，然后选择对应的刻录光驱盘符，鼠标点击"刻录（Burn）"按钮，刻录光驱马上开始刻录，等待一段时间便可完成，此时启动光盘制作完毕（见图 3-2）。

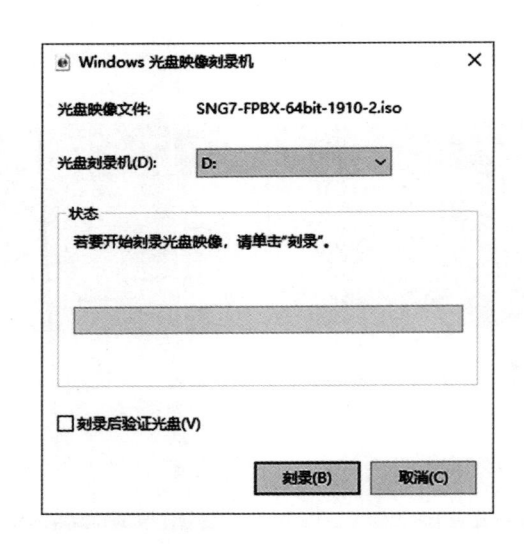

图 3-2 在 Windows 电脑上将镜像文件刻入光盘

Windows 7 以下的操作系统原生不支持刻录操作，可以安装第三方刻录程序（如 UltraISO）操作，具体方法请查看相应程序的帮助文档，此处不再赘述。

二 制作 USB 启动盘

近年来，由于宽带网络的普及，个人电脑便携化趋势，加上 USB 接口传输速率的不断提升以及价格的不断下降，越来越多的电脑不再标配光驱,在这种情况下可能需要使用 U 盘安装 FreePBX 系统。

制作 USB 启动盘推荐使用 balenaEtcher 这一工具将下载的 FreePBX 镜像文件写入 U 盘,balenaEtcher 工具可以去"https://www.balena.io/etcher/"下载并安装。balenaEtcher 安装完毕后将 U 盘插入电脑上空白的 USB 接口(如果电脑有 USB 3.0 接口,优先插入 USB 3.0 接口)①,然后打开 balenaEtcher 程序,鼠标点击"Select image"按钮,选择刚才下载的镜像文件,接着检查写入对象盘符为刚才插入的 U 盘,确认无误后,鼠标点击"Flash"按钮,之后耐心等待 balenaEtcher 将镜像文件写入 U 盘(见图 3-3)。

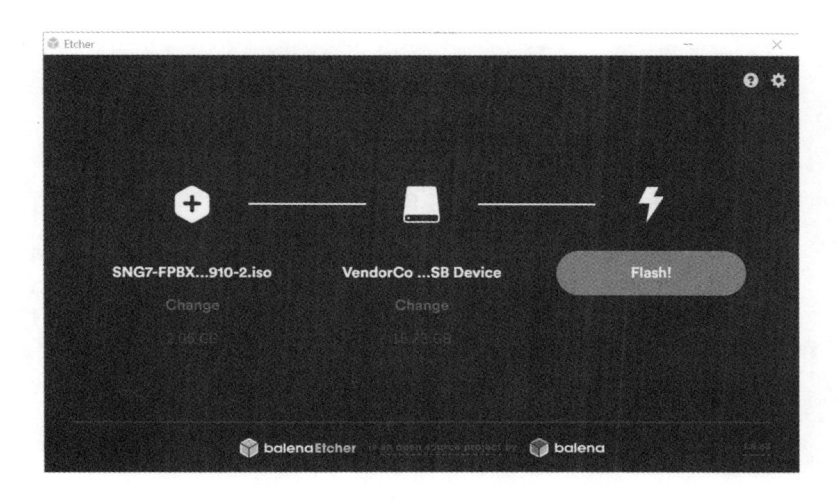

图 3-3 使用 balenaEtcher 将镜像文件写入 U 盘

在 MacOS 和 Linux 系统上的文件下载、校验与启动盘制作的操作依此类推,各个系统都有对应的 MD5 校验和镜像文件写入工具,详情可以参考网上相关教程或咨询系统管理员。

---

① balenaEtcher 将镜像文件写入 U 盘的过程中会永久擦除 U 盘原有的数据,如 U 盘中有重要数据,需要提前做好备份。

第三节　呼叫子系统安装

FreePBX 呼叫子系统安装时会将电脑上原有的数据全部擦除，如果电脑上有重要的数据务必提前做好备份。在完成这些准备工作之后，再次检查电脑的网络电缆连接是否正常，无误后将刚才刻录好的光盘放入电脑光驱，或者将准备好的 U 盘插入电脑 USB 接口①，准备开始 FreePBX 系统安装。在正式安装之前，还需要根据启动盘类型（光盘或 U 盘）进入电脑的 BIOS②将光驱或 U 盘设置为第一启动设备。

一　设置 BIOS 启动顺序

通常来说，电脑进入 BIOS 设置的方法为：开机后，电脑屏幕下方一般会出现"Press DEL to enter EFI BIOS SETUP"等提示，此时根据提示连续按 DEL 键就可以进入 BIOS 设置③，设置界面通常如图 3-4 所示。需要注意的是，BIOS 设置涉及电脑最底层的硬件配置，应该极其小心，除了更改启动顺序，其余设置最好不要随便改动，以免导致电脑故障或无法启动。

---

①　当使用 U 盘作为启动盘安装系统时，应在电脑开机之前将 U 盘插入电脑，否则在 BIOS 设置启动顺序时无法识别到 U 盘。

②　BIOS（Basic Input Output System，基本输入输出系统），是一组固化到计算机主板 ROM（只读存储）芯片上的程序，它保存着计算机最重要的基本输入输出的程序、系统设置信息、开机后自检程序和系统自启动程序。对于常见的个人电脑来说，可以将它看成操作系统启动之前的操作系统，负责管理并监控系统底层硬件的运行状态，决定从哪个设备启动电脑。

③　不同的电脑型号或制造商生产的电脑，其初始启动画面各不相同，应根据启动画面的提示信息按下正确的按键。部分电脑启动时可能不会出现进入 BIOS 设置的提示，如果按 DEL 键无法进入 BIOS 设置，可以重启后尝试按 F1、F2 或 F10 键，具体方法可参考电脑或主板说明书。

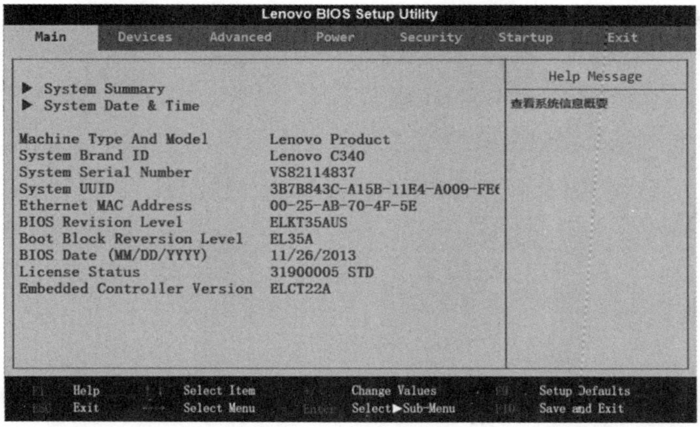

第三章　呼叫子系统的安装与初始配置　/　49

图 3-4　BIOS 设置界面

进入 BIOS 设置后，使用键盘的左右方向键选择最上方菜单的 Startup 或者 Boot 项进入电脑启动顺序相关的设置界面（见图 3-5）。在该设置界面里，通常能找到"Primary Boot Sequence（主要启动顺序）"或"Automatic Boot Sequence（自动启动顺序）"等选项，使用键盘的上下方向键将光标移动到该选项上，然后按 Enter 回车键进入启动顺序设置界面。

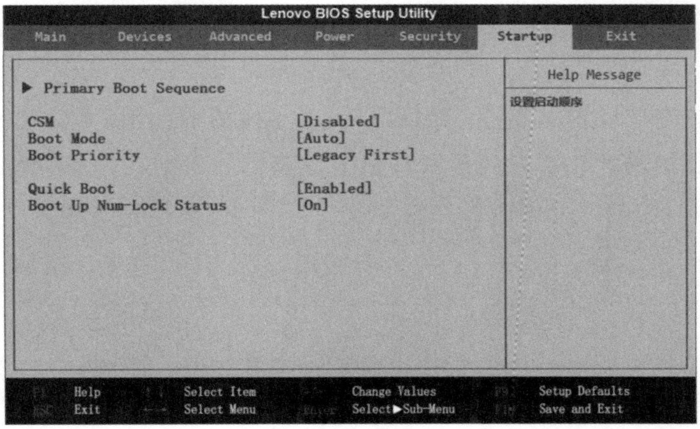

图 3-5　BIOS 设置中电脑启动顺序相关的设置界面

50 / 人文社科研究数据采集教程：低成本开展 CATI 电话调查

启动顺序设置界面会显示当前的启动顺序设置情况，并显示电脑中所有可以用来启动电脑的设备列表。如果当前排在第一位启动顺序的不是光盘或 U 盘，可以使用键盘的上下方向键将光标移动至光驱或 U 盘，选中设备后接着按键盘的 + 号（加号）键将设备在启动顺序中上移，或者按键盘的 – 号（减号）键将设备在启动顺序中下移①，设置完毕后的启动顺序应如图 3 – 6 所示，示例中选择了将 U 盘作为启动盘。

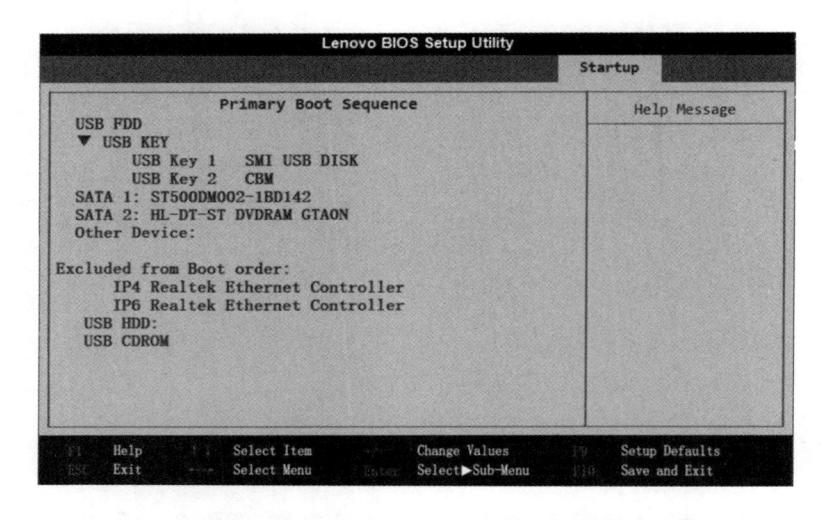

```
                    Lenovo BIOS Setup Utility
                                              Startup
           Primary Boot Sequence
                                              Help Message
    USB FDD
  ▼ USB KEY
        USB Key 1    SMI USB DISK
        USB Key 2    CBM
    SATA 1: ST500DM002-1BD142
    SATA 2: HL-DT-ST DVDRAM GTAON
    Other Device:

    Excluded from Boot order:
        IP4 Realtek Ethernet Controller
        IP6 Realtek Ethernet Controller
    USB HDD:
    USB CDROM


    F1  Help      ↑↓ Select Item    +/- Change Values    F9  Setup Defaults
    Esc Exit      ←→ Select Menu    Enter Select▶Sub-Menu F10 Save and Exit
```

图 3 – 6　BIOS 设置中启动顺序设置界面

启动顺序设置完成后，按键盘的 Esc 键退出至 BIOS 设置的主页面，然后使用键盘的左右方向键选择最上方菜单的 Exit 项以保存刚才的设置。在 BIOS 的 Exit 项设置界面（见图 3 – 7），使用键盘的上下方向键选择"Save Changes And Exit（保存更改并退出）"选项，然后按 Enter 回车键确认，在弹出的提示中选择 Yes 确认更改（见图 3 – 8）。退出后

---

① 不同型号或生产商电脑的 BIOS 设置方式与按键并不完全相同，具体操作方法需要参考 BIOS 页面帮助信息或说明书进行操作，本书的操作步骤仅供参考。

第三章　呼叫子系统的安装与初始配置　/　51

电脑将会重新启动，重启后将自动按照刚才所选择的设备启动电脑。一切正常的话电脑将会从光盘或 U 盘读取启动文件并进入 FreePBX 系统安装流程。

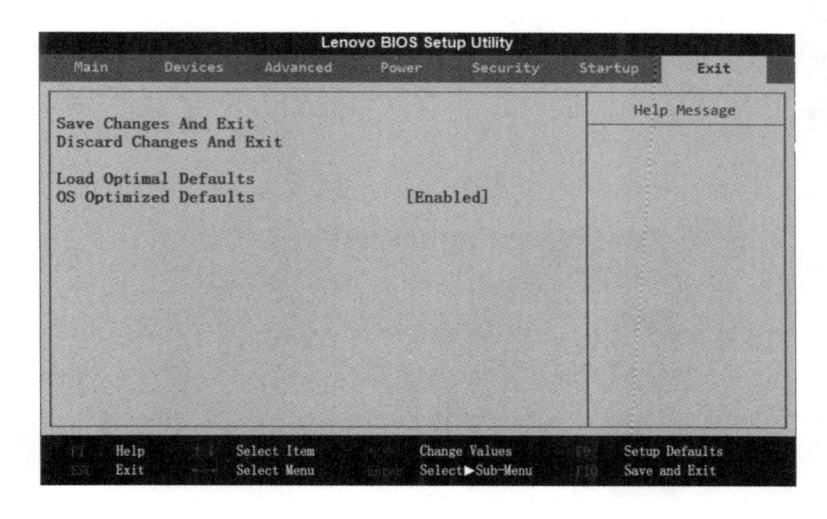

图 3-7　BIOS 设置中 Exit 设置界面

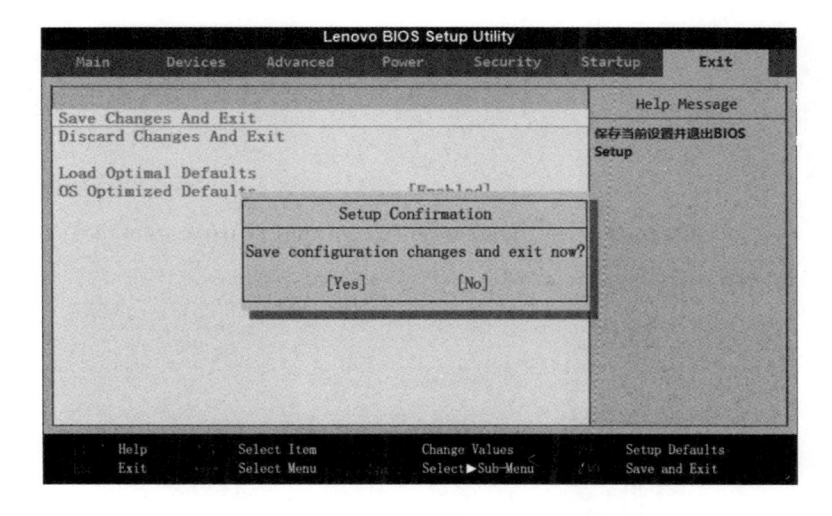

图 3-8　BIOS 设置中是否保存配置更改并重启电脑的提示框

二 引导并安装系统

从这一步开始,电脑正式进入了 FreePBX 系统的安装流程。更改电脑启动顺序并重新启动电脑后,稍等片刻,屏幕上将会出现 FreePBX 安装选项(见图 3-9),建议选择系统推荐的安装选项——"FreePBX 15 Installation(Asterisk 16) - Recommended"并回车确认,指示电脑安装基于 Asterisk 16 版本的 FreePBX 系统。

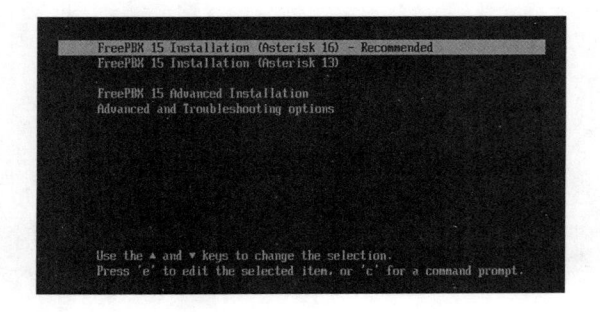

图 3-9 FreePBX 安装选项

在下一步安装界面的选择上(见图 3-10),一般选择"Graphical Installation - Output to VGA(图形化安装)"选项并回车确认,表明将在图示界面完成后续安装流程。

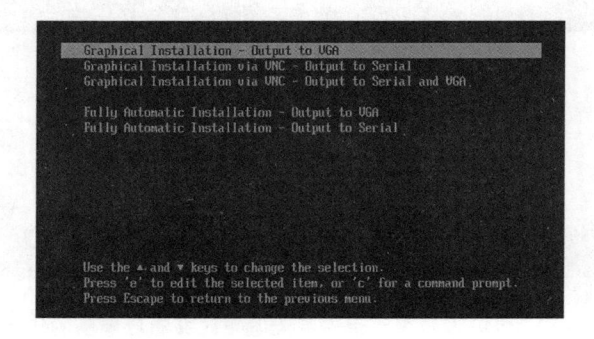

图 3-10 FreePBX 安装界面选择

第三章 呼叫子系统的安装与初始配置 / 53

继续选择"FreePBX Stanadard（FreePBX 标准版本）"选项并回车确认（见图 3 – 11）。

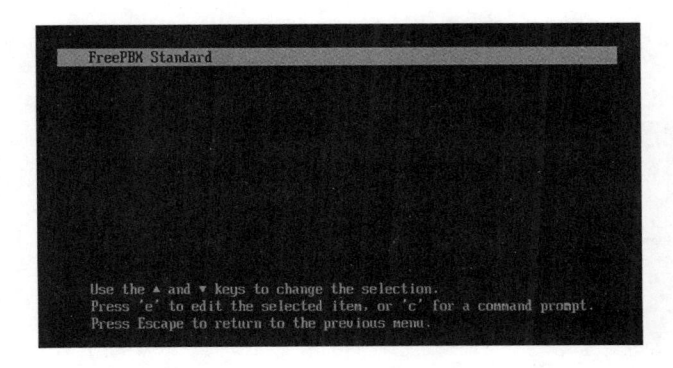

图 3 – 11 FreePBX 标准版本安装选项

所有选择完成以后，系统将按照选定的模式自动进入安装程序并完成后续的安装流程（见图 3 – 12），耐心等待图形安装界面出现，根据电脑配置不同，需要几十秒到几分钟，在此期间不要按任何按键，以防误操作导致安装失败。

图 3 – 12 FreePBX 安装程序引导界面

54　/　人文社科研究数据采集教程：低成本开展 CATI 电话调查

FreePBX 系统图形安装界面出现后，会依次显示本地化、软件、系统等选项（见图 3-13），由于安装程序会自动配置这些项目，因此正常情况下无须人工干预，继续等待安装程序自动配置并进入下一步的安装流程。

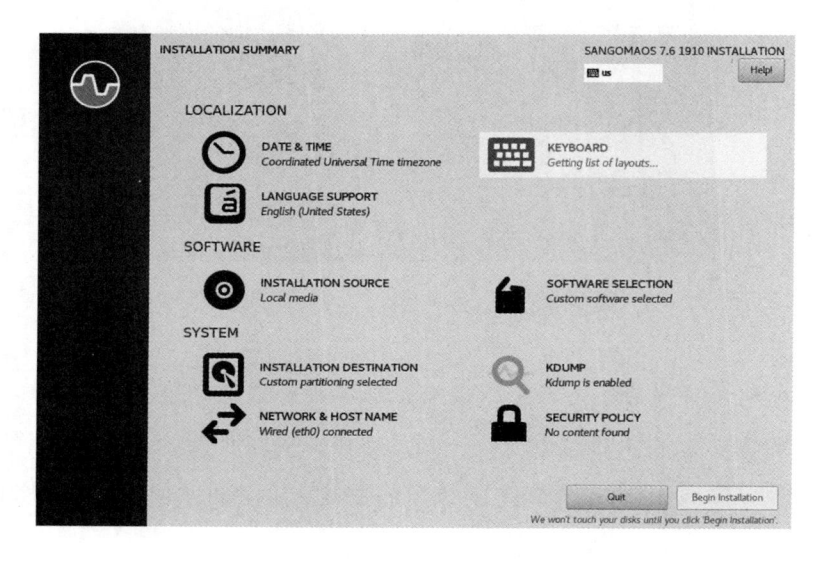

图 3-13　FreePBX 安装程序概览页面

在设置操作系统管理员账户这一步，安装程序提示"Root password is not set（未设置 root 用户密码）"（见图 3-14），因此可以按照要求创建一个 root 用户①的密码，鼠标点击"ROOT PASSWORD"打开 root 密码设置界面。

---

①　Root 用户是在 UNIX 和类 UNIX 系统中的唯一的超级用户，具有系统中所有的权限。相比 Windows 系统的管理员账户，Linux 系统的 root 用户权限更大，甚至可以把系统的大部分文件删除，导致系统完全毁坏，因此在实际使用中，为了保护系统的安全，一般会额外再创建一个普通的用户作为日常操作之用。

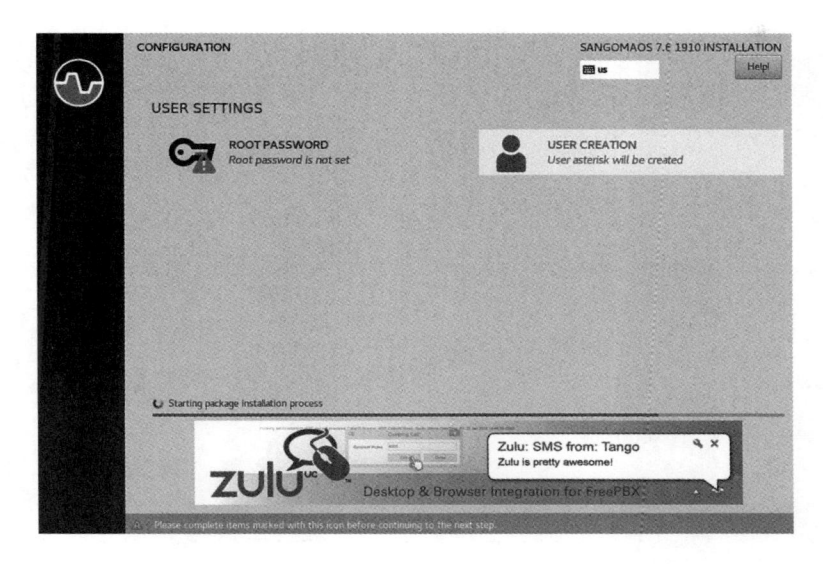

图 3-14　FreePBX 安装程序用户配置界面

在出现的密码创建界面根据要求设定 root 用户密码（见图 3-15）。在密码输入过程中，输入框下方会同步提示密码的强度，为了保证系统的安全，强烈建议设置八位以上的强口令，最好包含大小写字母、数字以及特殊字符的组合。如两次密码输入一致，检查无误后用鼠标点击左上角的 Done 按钮返回。root 用户密码需要牢记，安装结束后需要使用其登录系统。

图 3-15　FreePBX 安装程序 root 用户密码创建界面

返回后，安装程序界面显示"Root password is set"（见图 3-16），说明 root 密码已经设置完毕。剩余的工作就是耐心等待 FreePBX 系统安装完毕，这一步所需时间较长，根据电脑配置，需要 10—60 分钟，下方的进度条会直观地显示安装进度。

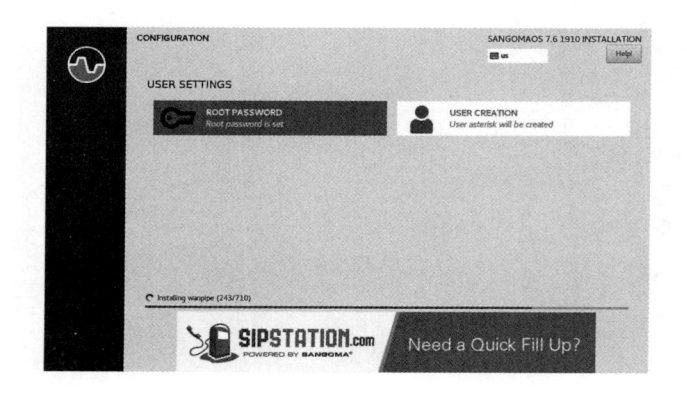

图 3-16　FreePBX 安装程序最后安装界面

待进度条走完并且出现"Complete"字样（见图 3-17），意味着 FreePBX 系统安装全部完成。此时可以弹出光驱取出光盘或者拔出 U 盘，然后鼠标点击 Reboot 按钮，稍候电脑会自动重启。

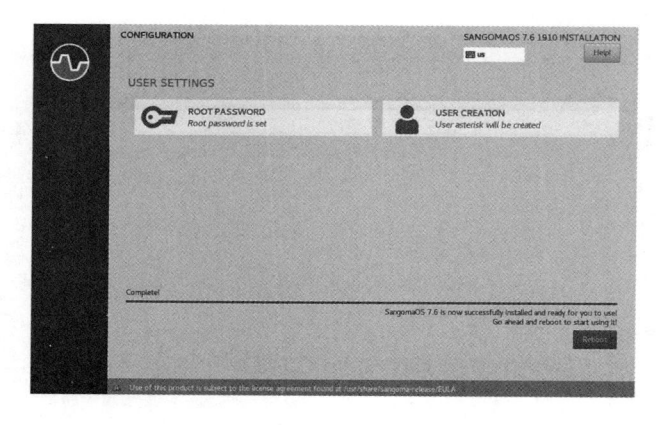

图 3-17　FreePBX 安装程序完成界面

三 完成安装

正常的话，电脑重启后会自动引导至 FreePBX 系统，选择 Sangoma Linux 或等待数秒后将自动进入 FreePBX 系统（见图 3-18）。

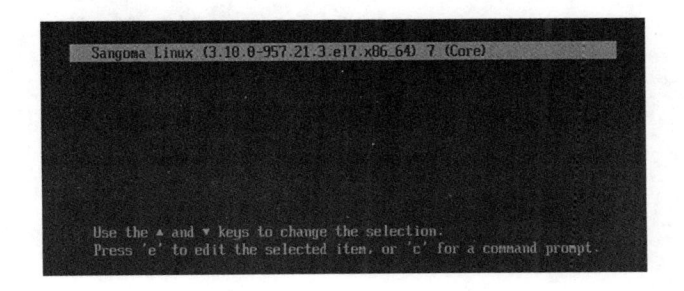

图 3-18　FreePBX 系统启动项目选择画面

FreePBX 系统安装后的首次启动所需时间可能较长，请耐心等待。启动完成后，屏幕左上角会显示"freepbx login:"的提示符，提醒我们登录系统（见图 3-19）。首先输入 root，然后回车确认，屏幕上会显示"Password:"的提示符，接着输入刚才系统安装过程中设置的 root 账户密码[①]，输入无误后回车确认（见图 3-20）。

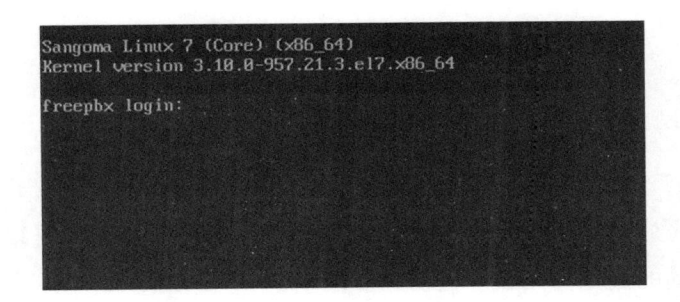

图 3-19　FreePBX 系统登录界面一

---

① Linux 系统为了安全起见，密码输入过程中屏幕上不会显示任何字符，如感觉密码输入有误，可以重复按 Backspace 退格键删除后再重新输入。

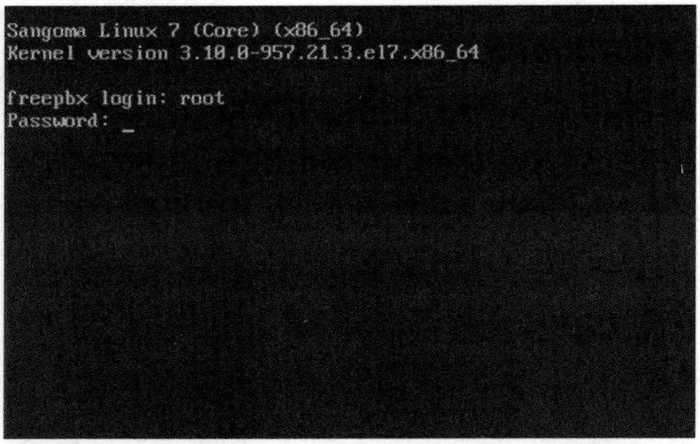

58 / 人文社科研究数据采集教程：低成本开展 CATI 电话调查

图 3 - 20　FreePBX 系统登录界面二

　　如果用户名与密码输入正确，系统将允许 root 用户登录。登录后，系统将出现如下提示（见图 3 - 21）。提示主要分为三个部分，第一部分是警告信息，提示当前系统存在哪些需要处理的紧急通知，后期也可以通过浏览器登录 UI 界面查看并处理，这里不用特别关注。第二部分显示网络状态，IP Addresses 一栏显示主机的 IPv4 地址，如果路由器及电脑网卡支持 IPv6，此处还会显示对应的 IPv6 地址。此时，可以记下 IPv4 地址备用，后续需要通过它访问 FreePBX 的管理界面。第三部分是激活信息。FreePBX 发行版本包含额外的商业授权组件，购买激活后可以安装从而实现扩展功能。由于 FreePBX 基础版带有小型电话调查所需的全部功能，因此若非必要，无须激活，不会影响使用。查看完 FreePBX 系统提示信息并记录好 IPv4 地址后，可以键盘输入 exit 命令并回车，系统将退出当前 root 用户的登录。这一步操作完成后，后续几乎所有的对 FreePBX 的配置工作都可以使用另一台电脑的浏览器完成。建议在安装了 FreePBX 系统的电脑的电源开关及插座开关上粘贴警示条，提醒其他人不要随意关闭电源，以免导致电话服务中断。

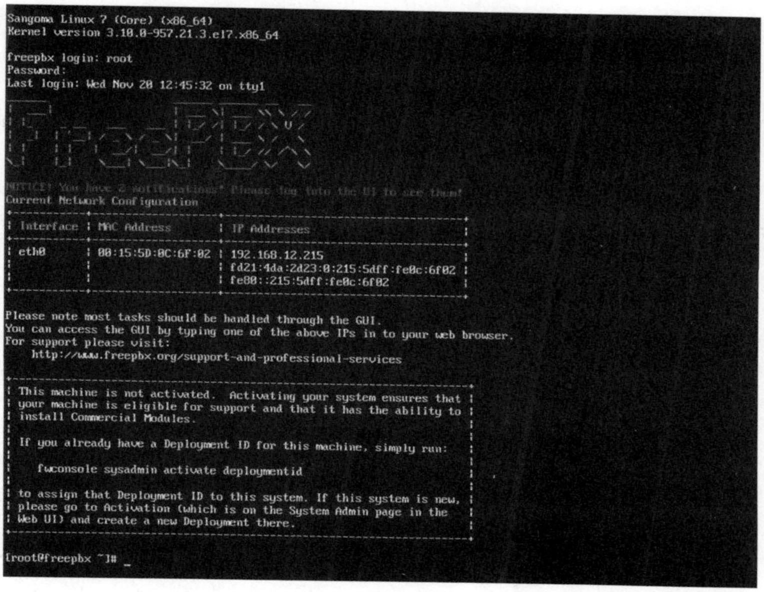

图 3-21 FreePBX 系统登录后的信息显示界面

在用浏览器登录 FreePBX 的管理界面之前，还有一项工作要确认。大部分情况下，上级路由器采用 DHCP 的方式为运行 FreePBX 系统的电脑分配 IP 地址，因此重启后 FreePBX 系统主机的 IP 地址可能会改变，这会影响我们登录 FreePBX 的管理界面以及话机客户端的注册。为了避免这种情况的发生，需要提前在路由器里设置网卡 MAC 地址和 IP 地址绑定，使得运行 FreePBX 系统的电脑每次启动都能获取相同的 IP 地址。具体的设置方法可以参考本书第二章相关章节的内容，也可以参考路由器的说明书或咨询网络管理员。

第四节　初始配置

前面的系统安装工作完成以后，需要进入 FreePBX 的管理界面完成一些安装后的初始配置工作。在与 FreePBX 系统位于同一本地局域网的一台电脑上,打开浏览器①,在浏览器的地址栏里输入刚才记录下来的 FreePBX 系统的 IP 地址,打开后会自动进入 FreePBX 初始配置向导页面(见图 3-22)。

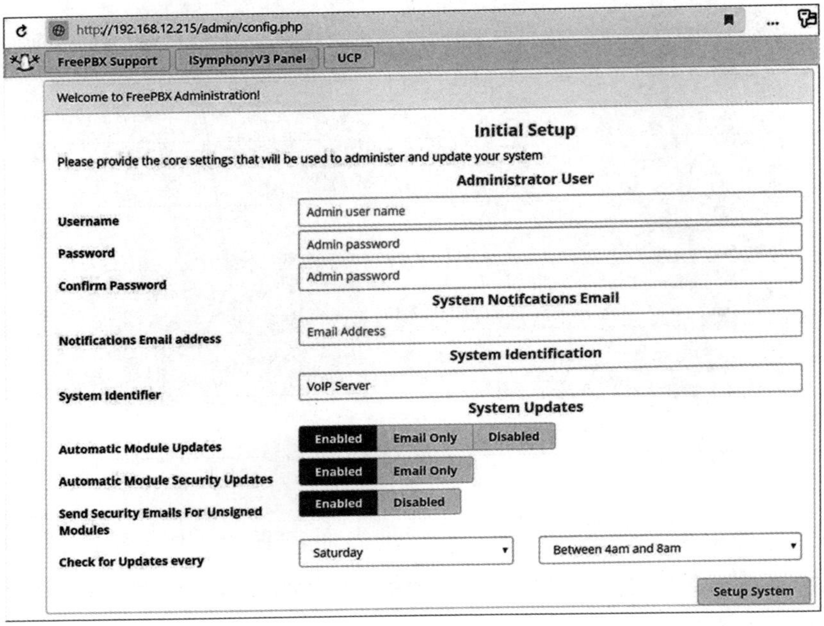

图 3-22　FreePBX 初始配置向导页面

根据配置向导页面提示,首先设置 FreePBX 的管理用户(该账号用于配置 FreePBX 系统,区别于系统安装阶段设置的 Linux 系统的 root 用户),在 Username、Password 和 Confirm Password 输入框分别输入用户名和密码(为了系统安全,建议不要使用弱口令)。其次设置系统通知邮箱(Notification Email address),用于接收 FreePBX 系统发送的重要通知信息。再次是系统识别名称(System Identifier),此处保留默认的即可,也可以根据情况更改。为了防止出现意外错误,最

---

① 为了更好的兼容性,建议使用 Chrome 浏览器或新版 Microsoft Edge 浏览器。

好使用英文或汉语拼音名称，避免直接使用中文名称。最后是关于系统更新的设置（System Updates），由于我们使用 FreePBX 只用于小型电话调查，系统的基础功能基本上非常稳定完善，而且调查室不需要接入公网对公众提供服务，因此可以选择关闭自动更新，并不会影响系统的安全性与稳定性。全部设置完成后如图 3-23 所示，然后鼠标点击右下角的 Setup System 按钮进入下一步，系统将保存刚才的配置信息。稍等片刻后浏览器会自动跳转到正常的 FreePBX 系统的管理登录页面，建议将此地址收藏至浏览器收藏夹，后期还需要登录这个网址以便进一步配置 FreePBX 系统。

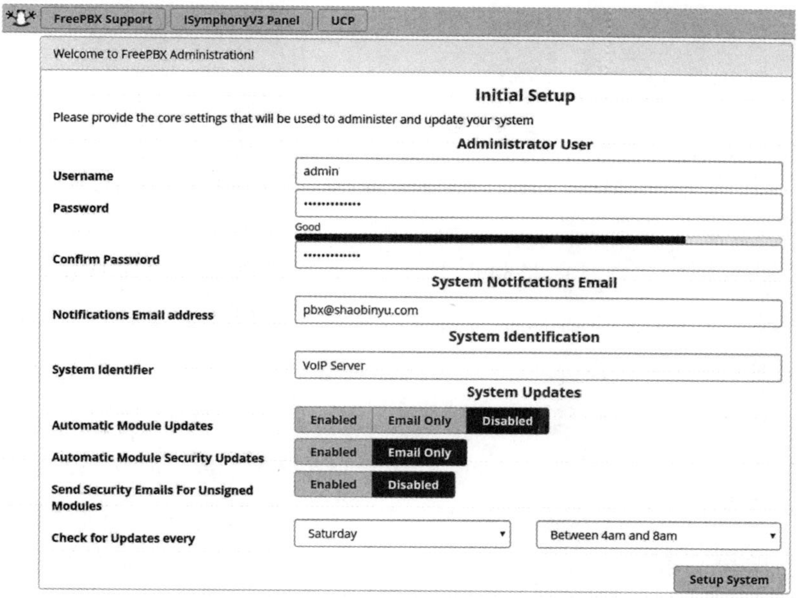

图 3-23　FreePBX 系统初始配置示例页面

第四章　呼叫子系统的基础配置

FreePBX 呼叫子系统安装与初始配置完成后，还需要一些额外的配置以获得一个安全稳定的呼叫中心系统。本章介绍的主要基础配置工作分为三个部分，分别是防火墙与安全设置、系统高级设置选项微调，以及模块精简（可选）。

第一节　防火墙与安全设置

防火墙的主要功能是阻止来自外部的未授权访问，进一步保护系统的安全。FreePBX 系统自带防火墙模块，可以为系统提供基本的安全防护，建议根据配置向导启用并正确设置。FreePBX 系统安装结束并完成初始配置后，浏览器会自动跳转到 FreePBX 的管理登录页面（见图 4-1）。在此页面上，鼠标点击 FreePBX Administration，在弹出的用户名和密码输入框里输入刚才初始配置里设定的 FreePBX 系统管理员账户及密码（非 Linux 系统的 root 账户与密码），检查无误后鼠标点击 Continue 按钮登录（见图 4-2）。

成功登录以后，页面提示需要配置系统语言及时区，由于 FreePBX 系统管理页面的中文翻译还不是十分完善，许多配置选项仍然是英文的，所以 Sound Prompts Language 与 System Language 均保持默认的 English 与 English（United States）即可。接着确认 Timezone 时区的

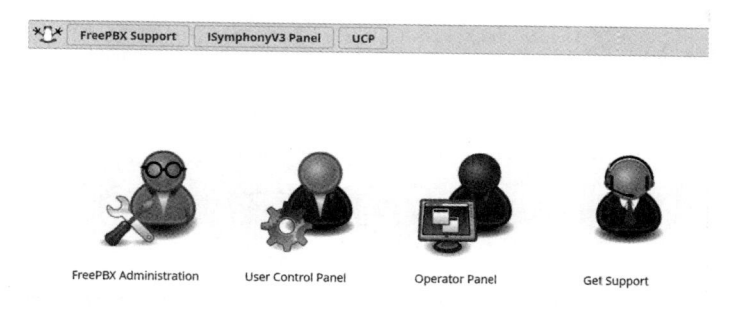

图 4 – 1 FreePBX 系统管理登录页面

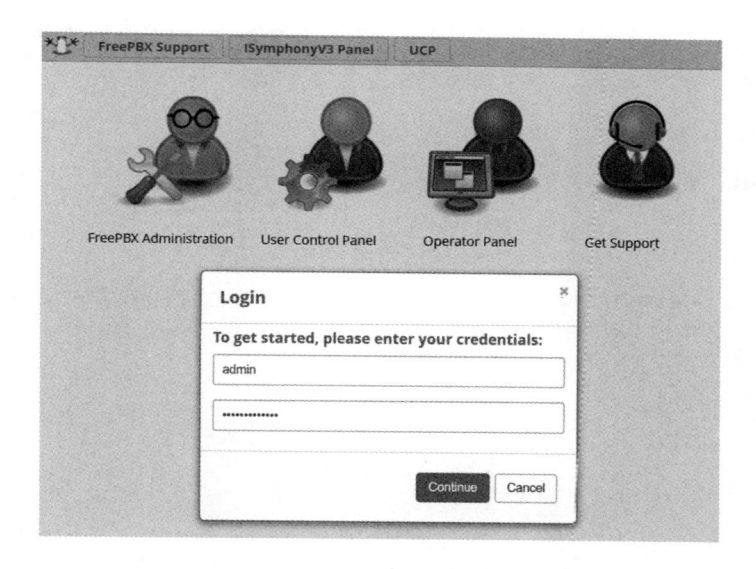

图 4 – 2 FreePBX 系统管理页面管理员登录框

设置是否正确①，FreePBX 系统在安装过程中会自动探测时区，一般情况下探测结果正确，如果发现时区设置不对，可以视情况进行修改。检查无误后，鼠标点击 Submit 按钮进入下一步（见图 4 – 3）。

有时页面上会首先弹出激活系统的提示，或者页面上方出现 Activation Error 的错误，如前所述，由于不需要激活系统便可满足小型电

---

① 在中国大陆地区使用时，一般将时区设为 Asia/Shanghai。

话调查的需求，因此可以选择 Skip 跳过并忽略这个错误。

图 4-3　FreePBX 语言及时区设置

系统语言及时区配置完毕后，接下来便进入了防火墙配置向导。虽然自主部署的 FreePBX 服务器并不面向外部开放，而且正常情况下上级路由器默认不会开放网络端口，然而为安全起见，仍然建议打开 FreePBX 系统的防火墙，进一步提升系统的安全性。根据页面提示，鼠标点击 Continue 继续（见图 4-4）。

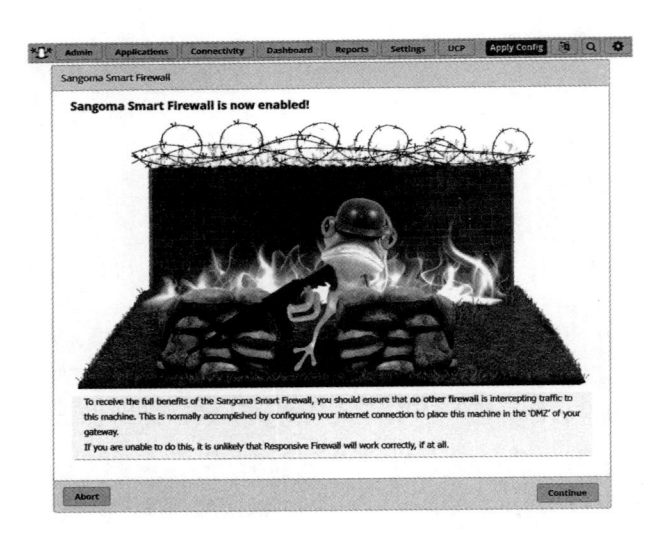

图 4-4　FreePBX 智能防火墙设置一

打开的下一个页面上介绍了智能防火墙的相关信息，鼠标点击 Next 继续（见图 4-5）。

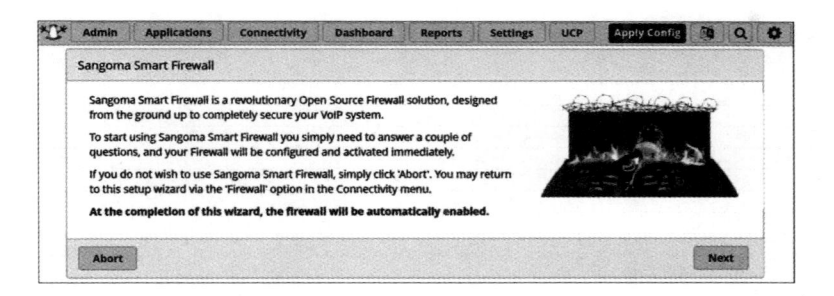

第四章　呼叫子系统的基础配置　/　65

图 4-5　FreePBX 智能防火墙设置二

此处询问是否将当前访问 FreePBX 系统的客户端电脑的 IP 地址加入信任列表，为了方便后期管理维护 FreePBX 系统，建议选择 Yes 同意（见图 4-6）。

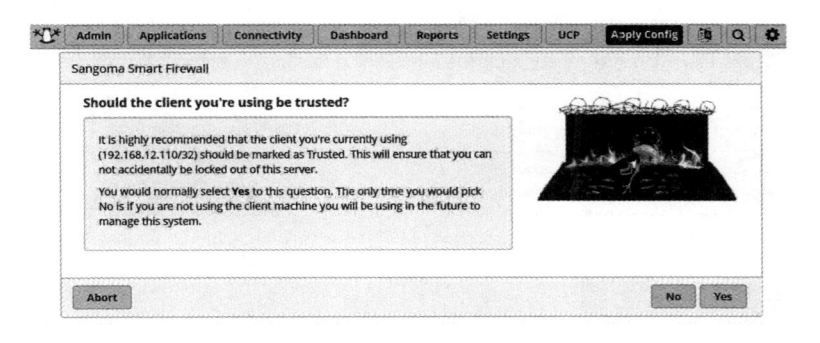

图 4-6　FreePBX 智能防火墙设置三

系统接着询问是否将当前网络加入信任列表（见图 4-7），同样选择 Yes 同意（注意 Yes 和 No 这两个按钮的排列顺序，不要点错）。

下一步询问是否启用响应式防火墙。FreePBX 新版本包含的响应式防火墙可以根据用户行为，弹性渐进地管理连接请求。比如一开始允许用户有限次数的认证请求，如果认证通过则将此用户加入信任列表，否则系统将暂停此用户访问一小段时间。用户恢复访问权限后假如仍然无法成功认证，则系统将会在更长的时间内锁定此用户，从而在不

66 / 人文社科研究数据采集教程：低成本开展 CATI 电话调查

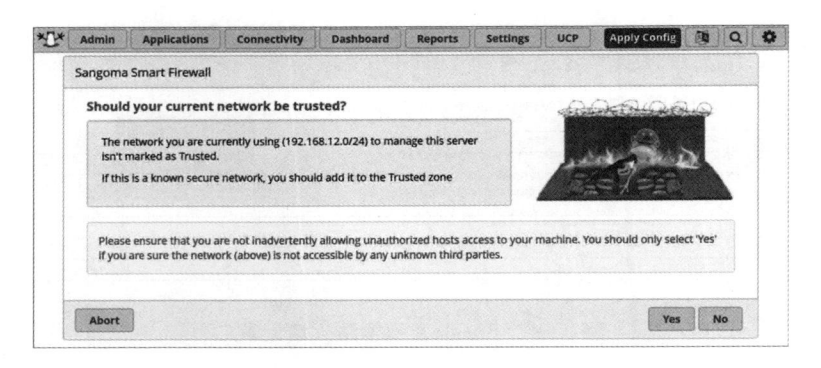

图 4 – 7　FreePBX 智能防火墙设置四

影响正常访问请求的前提下，有效地避免来自内部或外部的非法试探。一般情况下，建议选择 Yes 同意以启用防火墙模块（见图 4 – 8）。

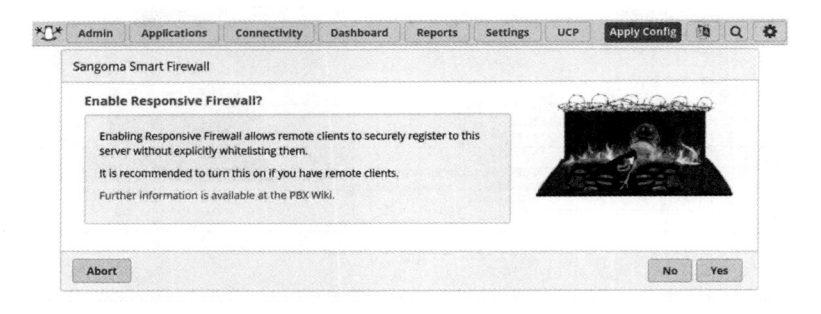

图 4 – 8　FreePBX 智能防火墙设置五

这一步询问是否让 FreePBX 自动探测并配置 IP 地址设置，这一设置主要用于 NAT① 服务，以解决外部网络的连接问题，由于后期系

---

①　NAT（Network Address Translation，网络地址转换）指将内网 IP 地址和端口号转换成合法的公网 IP 地址和端口号，建立一个会话，与外部主机进行通信。一般情况下，路由器为下端的主机分配的是局域网本地 IP 地址（通常如 192.168.1.×××），该地址由于不是公网 IP 地址，仅限在局域网内部使用，外部主机无法主动与位于 NAT 内部的主机通信。因此，如果 NAT 内部主机想要与外部主机相互通信，需要 NAT 路由器将本地地址转换成公网 IP 地址，并将二者建立一个映射关系，从而实现数据的转发。

统的使用都是在同一局域网内进行，对 NAT 设置要求并不严格，此处根据提示鼠标点击 Yes 同意即可（见图 4-9）。

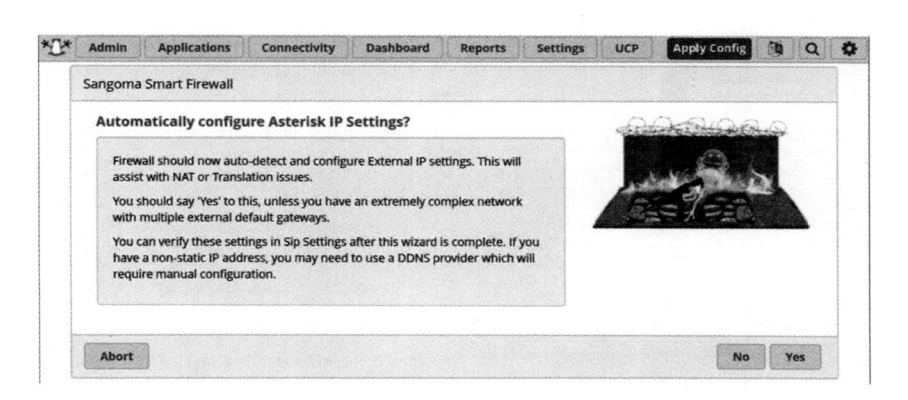

图 4-9 FreePBX 智能防火墙设置六

上一步设置完成后，FreePBX 将完成基本的防火墙与安全设置，如果没有问题，将自动跳转至 Dashboard 全局界面。（见图 4-10）Dashboard 初始界面主要包括三大部分，第一部分是位于最顶部的菜单栏，包括 Admin、Applications、Connectivity、Dashboard、Reports、Settings、UCP 等菜单项，后续呼叫子系统的一系列设置与操作都由此进入。第二部分是显示各种信息的卡片，主要包括：①System Overview 卡片，显示当前系统的基本情况及需要处理的警示信息。②Uptime 卡片，显示系统自上次启动后累计运行的时长以及系统负荷情况，帮助判断系统的使用状态与健康状况。③FreePBX Statistics 卡片，实时显示系统各项资源的使用情况，如 Asterisk 基础系统、CPU、内存、硬盘、网络等资源。④网络流量卡片，实时显示当前网络的接收与发送情况。第三部分是最下方的系统版权页（由于页面较大，截图里未包含）。

注意到界面的右上角有一个红色的"Apply Config（应用配置）"按钮，这表明系统有些配置项更改过但还没有应用生效。由于还要再

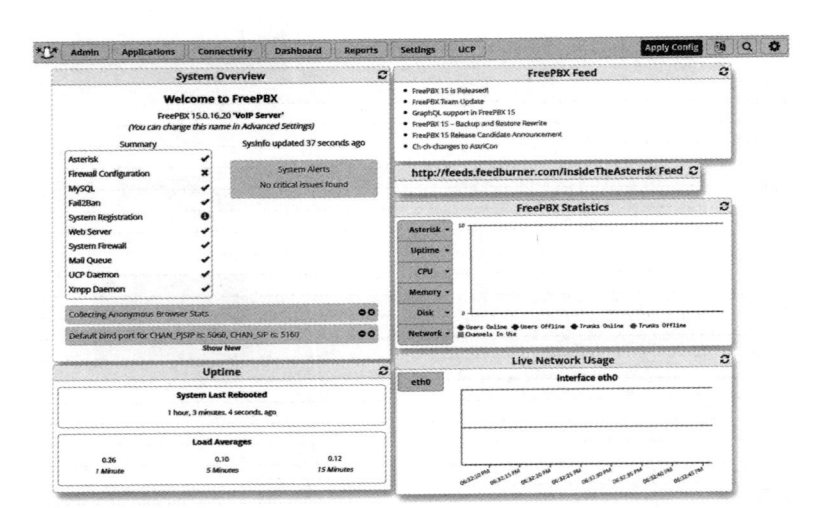

图 4-10　FreePBX 系统管理 Dashboard 概览页面

更改几处设置,所以待这些设置全部更改完毕后再一起点击 Apply Config 按钮使其生效。

在 Dashboard 界面,System Overview 卡片的 Firewall Configuration 项有一个警示信息,鼠标移上去提示"New Interface Detected",表明防火墙探测到了新的网络适配器但没有正确配置。另外在下方有一个提示信息"Collecting Anonymous Browser Stats",这是 FreePBX 系统自带的用户使用情况收集程序,它可以将用户的操作情况匿名反馈给系统开发者以便不断更新改进系统。由于整个系统不连接公网,无法与 FreePBX 公司的服务器通信,因此一般不需要这一功能,后续在系统的高级设置选项里可以将其关闭。System Overview 卡片最下方的内容"Default bind port for CHAN_PJSIP is:5060,CHAN_SIP is:5160"指示当前 FreePBX 提供的 CHAN_PJSIP 和 CHAN_SIP 服务的端口号,后期配置分机时会用到,目前暂时可以忽略(见图 4-11)。

首先确认并更改防火墙的配置,鼠标点击页面最上方菜单栏的 Connectivity 菜单项,从下拉菜单里点击 Firewall 进入防火墙详细设置页面(见图 4-12)。

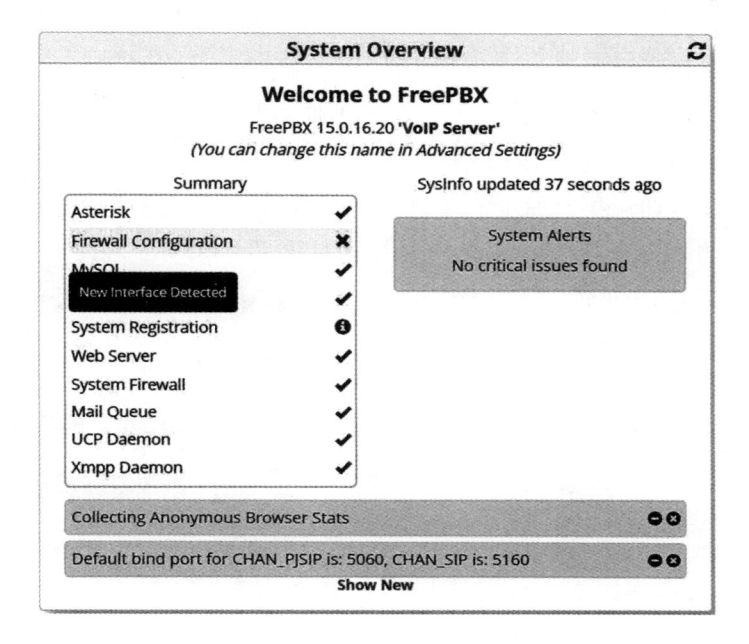

图 4-11　FreePBX 系统管理页面 System Overview 卡片

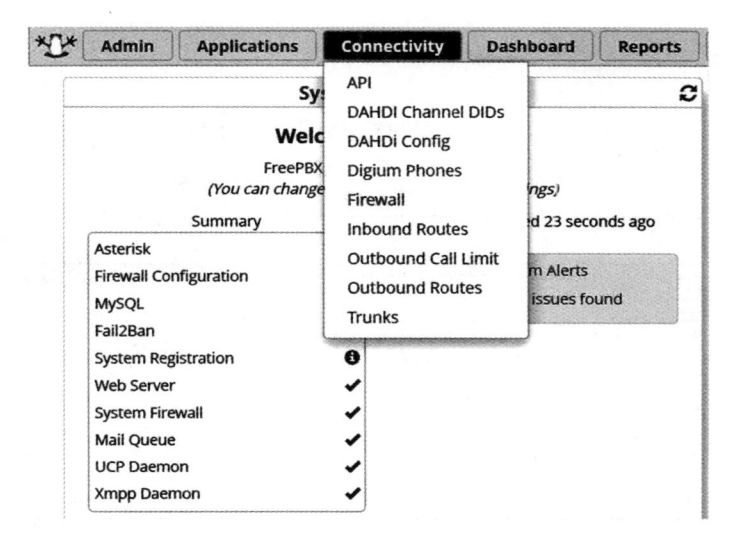

图 4-12　FreePBX 防火墙设置菜单路径

由于刚才 System Overview 卡片显示检测到新的网络适配器，因此在防火墙设置页面（见图 4-13），用鼠标点击 Interfaces 项进入网络适配器设置页面（见图 4-14）。此处显示电脑有一块名称为 eth0 的网络适配器，当前系统设置为 Trusted（Excluded from Firewall）防火区。根据页面提示，通常情况下网络适配器应该设置为 Internet 防火区，因此可以将其更改为 Internet（Default Firewall）（见图 4-15），然后鼠标点击页面右下角的 Update Interfaces 按钮（由于页面较长，截图里未包含）以确认更改。

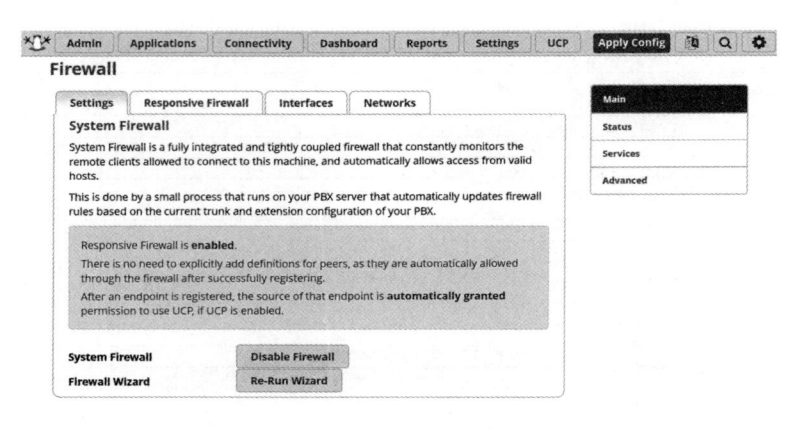

图 4-13　FreePBX 防火墙设置页面一

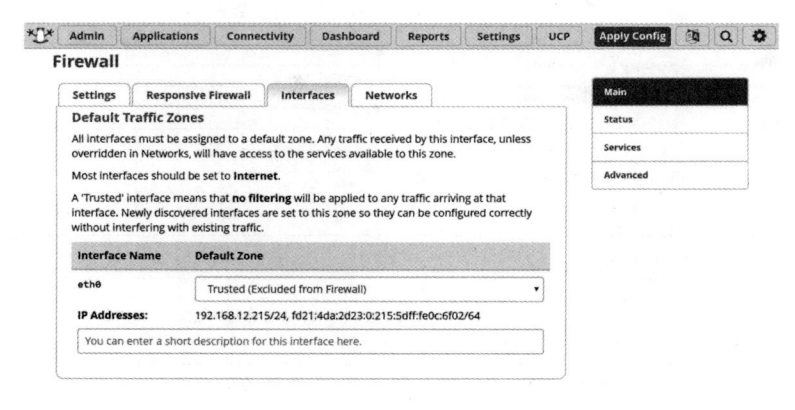

图 4-14　FreePBX 防火墙设置页面二

图 4-15　FreePBX 防火墙设置页面三

更改完成后，鼠标点击页面最上方菜单栏的 Dashboard 菜单项回到系统概览页面，此时会发现 System Overview 卡片里 Firewall Configuration 项的警示提示已经消失，说明该项配置正确。

第二节　系统高级设置选项微调

接下来可以再对 FreePBX 系统作一些微调，鼠标点击页面最上方菜单栏的 Settings 菜单项，从下拉菜单里点击 Advanced Settings 进入 FreePBX 系统的高级设置页面（见图 4-16）。注意，由于该页面许多选项与 FreePBX 系统底层直接相关，因此在操作时应尤其小心，以免不慎设置错误造成系统无法使用。

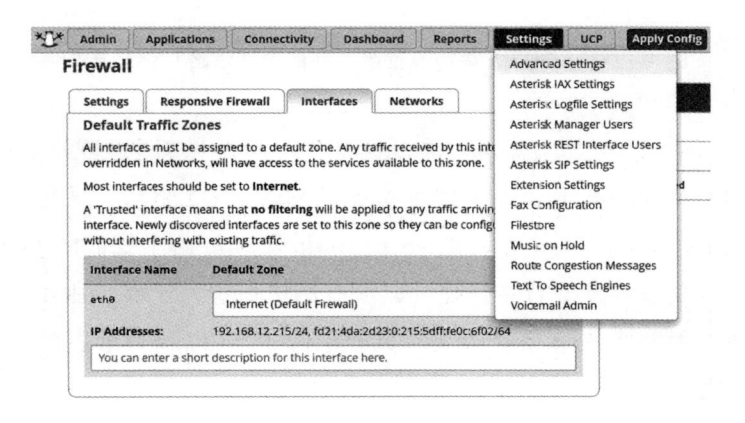

图 4-16　FreePBX 高级设置菜单路径

在当前页面下翻或按 Ctrl + F 查找，找到"Browser Stats"选项，发现系统默认设置为 Yes（见图 4-17），如前所述，根据小型调查的使用场景，可以将其修改为 No。

图 4-17 FreePBX 高级设置 Browser Stats 选项

另外，考虑到小型调查团队的实际用途，为了系统的兼容性和便捷性，可以额外修改几个选项，第一项是阻止外部中继的 CNAM（CallerID Name，来电姓名）信息选项，该项默认设置为 No（见图 4-18），即 FreePBX 默认不阻止外部中继的 CNAM 信息。因为有些电信运营商会拒绝接受包含来电姓名的呼叫，考虑到更好的兼容性，可以将此选项修改为 Yes，即在外部中继线路上不包含来电姓名信息。

图 4-18 FreePBX 高级设置阻止外部中继线路 CNAM 选项

第二项是 SIP 服务驱动，系统默认为 both（见图 4-19），即既包含适用于 Asterisk 11 及以下版本系统的 chan_sip 驱动，又包含适用于 Asterisk 12 以上版本系统的 chan_pjsip 驱动。由于我们的 FreePBX 呼叫系统是从零开始自主搭建的，没有历史负担，没有老版本的系统与设备，因此将该选项修改为"chan_pjsip"，以获得最新的功能与性能支持。

SIP Channel Driver ❓　　　　　　　　both ▼

图 4 – 19　FreePBX 高级设置 SIP 服务驱动选项

第三项是关于日志记录的选项。FreePBX 系统在运行过程中，会产生并写入各种日志文件，默认的设置是记录全部日志（见图 4 – 20）。这对于小型电话调查的使用场景来说不是特别必要，为了减少系统读写量，可以将该选项修改为仅记录出现错误时的日志 LOG_ ERR。

FreePBX Log Routing ❓　　　　　　　FILE ▼

图 4 – 20　FreePBX 高级设置日志记录选项

第四项是关于 Dashboard 概览页面中的"FreePBX Feed"卡片（见图 4 – 21）。由于自主配置的 FreePBX 系统服务器无法连接公网，无法从互联网获取相关的新闻推送，而且一般情况下，也不需要定期关注 FreePBX 官网发布的新闻列表，因此可以将 RSS Feeds 选项中预置的新闻源全部删除。删除后，Dashboard 概览页面中的 Feed 卡片会自动隐藏。

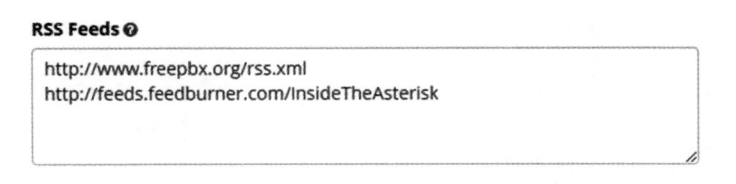

RSS Feeds ❓
```
http://www.freepbx.org/rss.xml
http://feeds.feedburner.com/InsideTheAsterisk
```

图 4 – 21　FreePBX 高级设置 RSS Feeds 选项

以上选项全部修改完毕后，鼠标点击页面右下角的 Submit 按钮提交更改。提交成功后再点击页面右上角的 Apply Config 按钮，将刚才所做的配置更改全部应用生效。稍等片刻，鼠标点击页面最上方菜单栏的 Dashboard 菜单项回到 FreePBX 系统的 Dashboard 概览页面。

第三节 模块精简（可选）

FreePBX 发行版除了基础的呼叫功能，还包含了许多扩展的功能模块，这些模块大部分适用于商业领域或大型呼叫中心，对于小型电话调查用处不大。为了进一步提高系统的运行效率，简化系统界面，可以对这些模块进行适当的精简。当然，如果担心操作失误影响系统的稳定性，这一步也可以跳过，直接进入下一章的分机与中继线路设置环节。

要精简模块，首先鼠标点击页面最上方菜单栏的 Admin 菜单项，从下拉菜单里点击 Module Admin 进入 FreePBX 系统的模块管理页面（见图 4 – 22）。

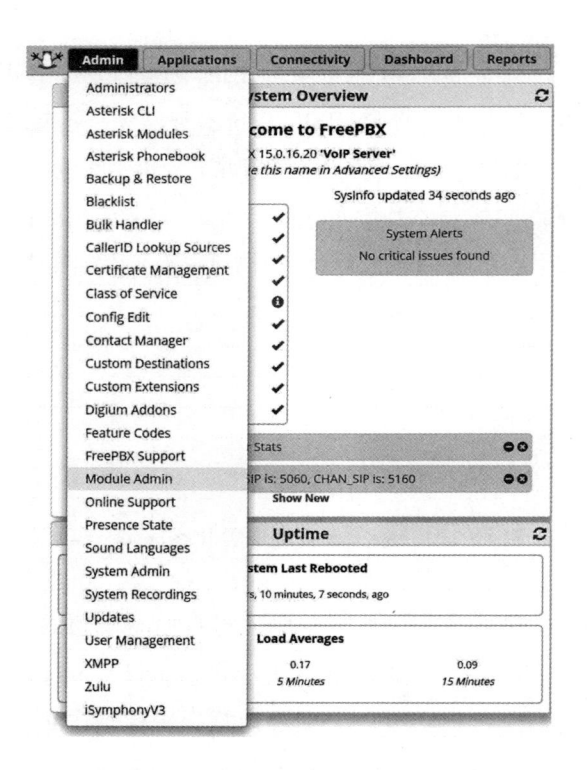

图 4 – 22　FreePBX 模块管理菜单路径

进入 FreePBX 系统模块管理页面后（见图 4-23），可以发现 FreePBX 将全部模块分成六类，分别是 Admin 类、Applications 类、Connectivity 类、Dashboard 类、Reports 类和 Settings 类，这一分类正好与 FreePBX 管理页面最上方菜单栏中的菜单项一一对应，这也意味着一旦精简了某个模块，除了该模块对应的功能被精简，其在菜单栏中的项目也会被同步删除。

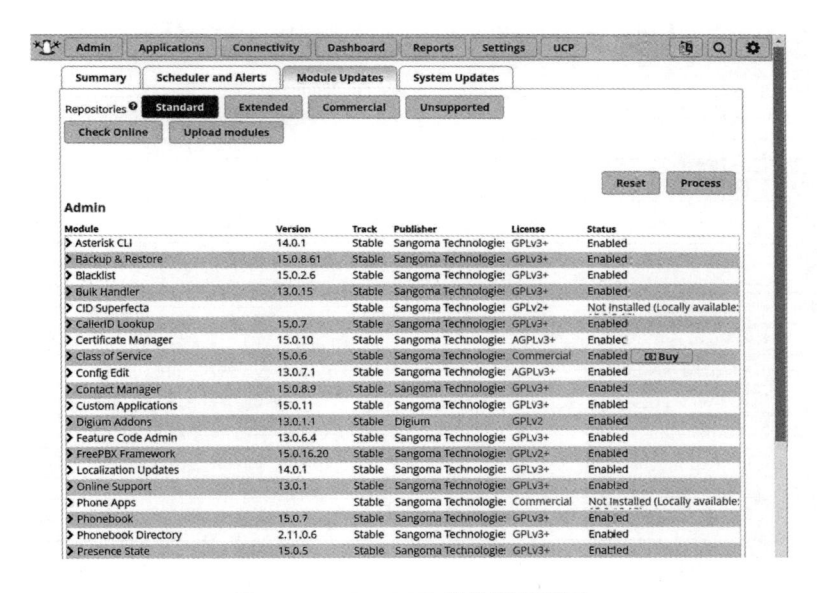

图 4-23 FreePBX 模块管理页面

在模块列表中，从左到右依次显示模块名称、版本、分支、发布者、版权类型、状态等信息。任意点击一个模块名称（如 Blacklist）后，会弹出更多选项，其中"Action"这一行显示了对模块的常用操作，包括 No Action（无操作）、Disable（禁用）、Uninstall（卸载）和 Remove（从硬盘删除）（见图 4-24）。建议选择 Disable，这样做的好处是万一后期希望再使用这些模块时，只需要重新启用即可，无须再次安装。

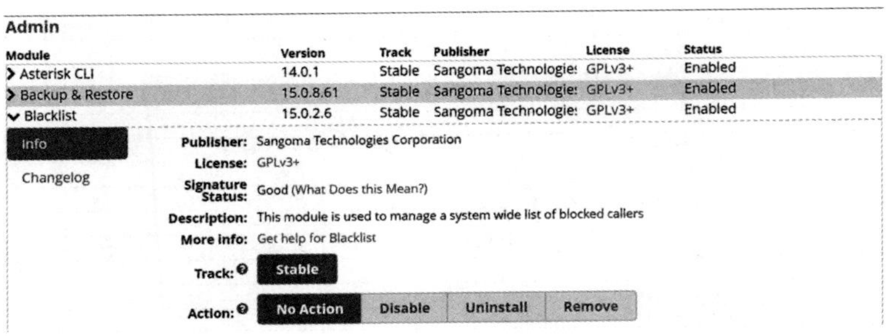

图 4 – 24 FreePBX 模块管理中对模块的操作选项

基于小型电话调查的实际使用场景与功能需求，此处总结了可以被禁用的预安装模块及其功能说明，详情见表 4 – 1。

表 4 – 1　　　　FreePBX 系统中可被禁用的模块列表

模块	功能说明
Blacklist	管理系统的电话号码黑名单
CallerID Lookup	根据来电号码查询对应的姓名
Class of Service	限制各分机的特性码、中继线路、响铃组等功能的使用
Config Edit	直接编辑 FreePBX 系统的底层配置文件
Custom Applications	用户自定义分机与呼叫路由的终点
Digium Addons	Digium 硬件相关的功能插件
Online Support	FreePBX 的在线支持
System Admin	额外的系统管理工具
User Control Panel	用户控制面板
XMPP	系统附带的 XMPP 消息协议
Zulu	连接 FreePBX 系统与 Zulu 桌面程序的扩展服务
iSymphonyV3	FreePBX 设置改变后，自动配置话务员面板
AMD	电话外呼时检测自动应答机器
Announcements	系统通知
Appointment Reminder	预约事项提醒
Broadcast	系统广播
Call Flow Control	通话流控制
Callback	回拨功能
CallerID Management	来电号码管理
Conference Pro	增强的电话会议室功能
DISA	直接拨入系统，类似于以前的 201 卡电话系统
Follow Me	电话呼入时，分机依次响铃

第四章　呼叫子系统的基础配置　/　77

续表

模块	功能说明
Misc Applications	创建自定义特性码连接任何呼叫路由的终点
MISC Destination	创建自定义呼叫路由的终点
Paging Pro	寻呼功能增强模块
Paging and Intercom	寻呼与内部通话功能（禁用后不影响分机之间互拨与通话）
Parking Lot	分机待机后从另一分机接听功能
Parking Pro	分机待机功能增强模块
Wake Up Calls	电话提醒与叫早服务
Digium Phones Config	为 Digium 话机自动配置
Extension Routes	精细地管理每个分机的路由
Outbound Call Limit	外呼限制
SMS	在用户控制面板中配置与管理短消息
Asterisk IAX Settings	IAX 协议设置，由于后期主要使用 SIP 协议，此项可禁用
Camp-On	预占线功能
Fax Configuration	Fax 传真设置
Fax Configuration Professional	Fax 传真设置增强功能

根据列表说明，在模块管理页面依次使用鼠标点击模块名称，在下弹的选项里点击"Disable"，完成后再操作下一个模块，直到全部模块操作完毕（见图 4 – 25）。

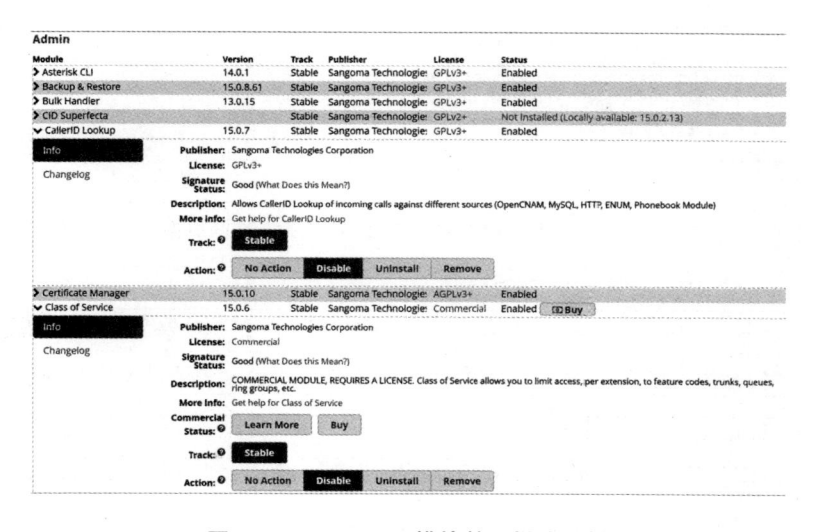

图 4 – 25　FreePBX 模块禁用操作示例

全部模块点选完毕后,鼠标点击页面右下角的"Process"按钮,会出来一个预览页面,详细地列出即将被禁用的模块列表。检查无误后,鼠标点击页面左下角的"Confirm"按钮确认(见图4-26)。

图4-26 FreePBX 即将被禁用的模块预览页面

耐心等待系统处理,根据主机配置与精简模块的数量,需要数十秒至数分钟。完成后,点击状态页面的"Return"按钮即可重新返回模块管理页面(见图4-27)。

在刷新后的模块管理页面可以看到,已经被禁用的模块以灰色显示,说明刚才的操作生效了(见图4-28)。另外,部分模块由于存在相互依赖关系,第一次无法被禁用,可以在被依赖的模块禁用后,再

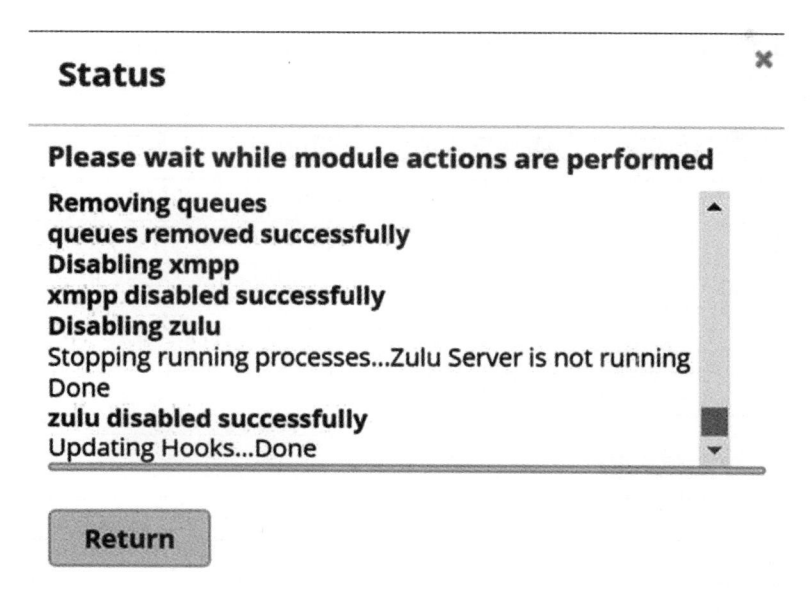

第四章 呼叫子系统的基础配置 / 79

```
Status                                              ×

Please wait while module actions are performed

Removing queues
queues removed successfully
Disabling xmpp
xmpp disabled successfully
Disabling zulu
Stopping running processes...Zulu Server is not running
Done
zulu disabled successfully
Updating Hooks...Done

 Return 
```

图 4 - 27　FreePBX 模块禁用操作处理状态

次重复前面的操作，个别模块可能要重复操作多次，直到要被禁用的模块全部禁用为止。

Admin					
Module	Version	Track	Publisher	License	Status
› Asterisk CLI	14.0.1	Stable	Sangoma Technologie:	GPLv3+	Enabled
› Backup & Restore	15.0.8.61	Stable	Sangoma Technologie:	GPLv3+	Enabled
› Bulk Handler	13.0.15	Stable	Sangoma Technologie:	GPLv3+	Enabled
› CID Superfecta		Stable	Sangoma Technologie:	GPLv2+	Not Installed
› CallerID Lookup	15.0.7	Stable	Sangoma Technologie:	GPLv3+	Disabled
› Certificate Manager	15.0.10	Stable	Sangoma Technologie:	AGPLv3+	Enabled
› Class of Service	15.0.6	Stable	Sangoma Technologie:	Commercial	Disabled
› Config Edit	13.0.7.1	Stable	Sangoma Technologie:	AGPLv3+	Disabled
› Contact Manager	15.0.8.9	Stable	Sangoma Technologie:	GPLv3+	Enabled
› Custom Applications	15.0.11	Stable	Sangoma Technologie:	GPLv3+	Disabled
› Digium Addons	13.0.1.1	Stable	Digium	GPLv2	Disabled
› Feature Code Admin	13.0.6.4	Stable	Sangoma Technologie:	GPLv3+	Enabled
› FreePBX Framework	15.0.16.20	Stable	Sangoma Technologie:	GPLv2+	Enabled
› Localization Updates	14.0.1	Stable	Sangoma Technologie:	GPLv3+	Enabled
› Online Support	13.0.1	Stable	Sangoma Technologie:	GPLv3+	Disabled

图 4 - 28　FreePBX 模块管理页面（已禁用模块灰色显示）

以上关于模块精简的操作全部完成后，点击页面右上角的 Apply Config 按钮，将刚才所做的配置更改应用生效。稍等片刻，鼠标点击页面最上方菜单栏的 Dashboard 菜单项回到 FreePBX 系统的 Dashboard 概览页面。

到现在为止，一个成熟可用的呼叫中心系统已经部署完毕。接下来需要设置分机以及中继线路，使访员终端可以接入 FreePBX 呼叫系统组成内部电话网络，同时还可以通过电信运营商的语音外呼线路拨出电话。

第五章 分机与语音中继路由设置

完整的电话网络除了承担呼叫管理与分机注册的 FreePBX 呼叫系统,还包括内部分机以及外部中继线路。内部分机可以看作呼叫行为的初始发起者,而外部中继线路可以视为呼叫的目的地,FreePBX 系统收到内部分机发起的呼叫请求后,根据预先设置好的呼叫规则,选择对应的语音线路传送出去,最终提交给电信运营商完成电话外呼。

根据第四章的操作步骤,我们完成了 FreePBX 系统的安装与初始配置,获得了一个成熟可用的呼叫中心系统。在此基础上,本章将介绍 FreePBX 系统中的分机与中继线路以及呼叫路由规则的设置,以真正实现电话调查所需的通话功能。这一步骤的配置工作结束后,小型电话调查室的语音呼叫功能将全部实现,各个访员终端可以注册至 FreePBX 系统组成内部电话网络,还可以通过电信运营商的语音专线拨打外部普通电话号码,同时 FreePBX 系统还可以实现包括通话录音、通话记录、通话监听等各项管理功能。

第一节 分机设置

模拟电话时代的分机与总机相对应,分机是指由程控电话交换总机分配了分机号码的硬件电话机。早先大型企事业单位与集团公司通常都建设有各种形式的内部电话网络,程控电话交换机作为枢纽网关同时连接着内部分机与电信运营商，单位内部的每一台电话机都分配有一个唯一的内部号码①，这种架构可以轻松地实现内部电话互通免费、总机话务员、查号台等一系列功能。随着时代的发展，电信运营商经营理念的变化，以及通信技术的升级，电信运营商可以在电信局端交换机上为特定的单位组建虚拟通话网络，实现单位内部短号互打业务，这种模式实际上相当于将需要单位自建的电话总机移到了电信运营商的交换机房。从这个角度上来看，全国的电话网本质上是一种多层总分机组网模式的通信网络。

  分机的形式随着时代的发展也在不断进化，模拟电话时代的分机一般指接入公共电话网络的硬件电话机，移动电话时代的每一部手提电话实际上就是分机，而到了 IP 互联网时代，越来越多的语音通话开始从基于数字电路的传输转向基于 IP 网络的传输，分机的形式也日新月异、千变万化。随着 3G、4G、5G 通信技术的发展，原先低效的电路传输及电路交换被替换升级或逐步取消，这一转变催生了新的以 LTE 为代表的无线通信标准。在基于 IP 交换的通信网络中，分机的概念逐渐被终端所替代，无论是软件客户端或硬件设备，只要彼此之间或与中心服务器之间依据一定的标准可以互相通信的，都可以被视为终端。IP 网络的发展，还丰富了终端之间的通信内容，从以前的语音和文字信息为主，扩展到了包括文本、图形、图像、音频、视频、地理位置信息等在内的各种形式的内容，这一变化大大地增强了沟通的广度与深度。

  FreePBX 呼叫系统基于标准的 SIP 协议，系统本身开放开源，因此可以根据业务需求自由定制开发，实现各种功能。由于小型电话调查室的需求主要集中在语音通话方面，FreePBX 系统提供的基础呼叫

---

① 总机分配给分机的内部号码长度不固定，既可以是三到四位的短号，也可以是与外线电话号码相同的号码，只要能辨识出每台电话分机即可。采用总分机模式组网的内部电话系统，为了区分内部外部通话，一般会要求拨打外线号码时要在号码前加拨特定的前缀，如 9 等。

功能基本可以满足要求，因此无须额外开发修改，只需要根据电话调查的规模与特点进行恰当的配置即可。

一　逐个创建分机

在 FreePBX 系统中，创建分机可以采取两种方式：逐个创建与批量创建。对于小型电话调查室来说，一般分机数量在 10 个左右，采用逐个创建的方式即可，因此本书主要介绍逐个创建的方式，随后再简要地介绍批量创建的步骤。

在 FreePBX 系统管理 Dashboard 概览页面上，鼠标点击页面最上方菜单栏的 Applications 菜单项，在下拉菜单里点击 Extensions 进入 FreePBX 系统的分机管理页面（见图 5－1）。

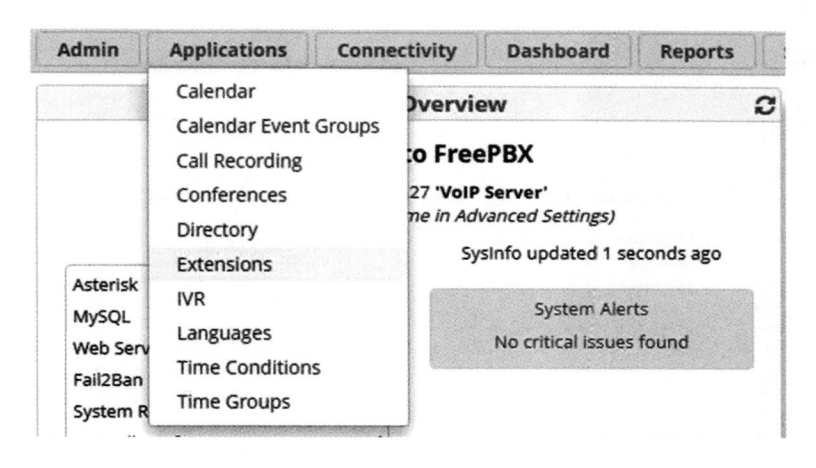

图 5－1　FreePBX 分机管理菜单路径

进入 FreePBX 分机管理页面后，假如已经创建过分机，页面会显示当前系统的全部分机列表。鼠标点击 Add Extension 弹出添加分机的下拉菜单，可以发现 FreePBX 系统缺省支持 DAHDi 分机、IAX2 分机、SIP 分机、虚拟分机和自定义分机等多种类型，此处选择 Add New SIP [chan_ pjsip] Extension 以创建一个新的 SIP 分机（见图 5－2）。

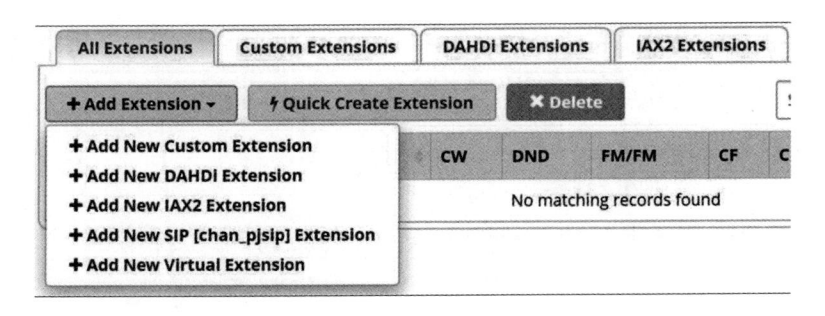

84 / 人文社科研究数据采集教程：低成本开展 CATI 电话调查

图 5-2 FreePBX 添加分机菜单选项

在打开的 SIP 分机创建页面上，可以发现共有四个选项卡（见图 5-3），分别是 General（一般选项）、Voicemail（语音信箱）、Advanced（高级选项）、Pin Sets（Pin 码设置）。语音信箱功能主要是方便当分机离线或忙线时，呼叫该分机将自动转接至语音留言，由于电话调查室的分机主要用于语音外呼，因此语音信箱功能不是很有必

图 5-3 FreePBX 添加 SIP 分机页面

要。FreePBX 系统在添加分机时,语音信箱功能默认是关闭的,因此该选项可以忽略。有些时候为了系统管理与计费的便利,系统管理员可能对某条外呼中继线路设置密码,此时,内部分机使用该条线路进行语音外呼时需要额外输入密码。Pin 码设置功能可以让指定的分机忽略线路的密码,直接使用该线路外呼,电话调查室一般不会用到这一功能,因此该选项也可以忽略。这样在添加 SIP 分机时,只需要修改 General(一般选项)和 Advanced(高级选项)这两个地方的设置即可。

在 General 选项卡里,主要设置分机号码,显示名称以及分机密码。在 User Extension 框里输入分机号码(数字)①,Display Name 框里输入分机的显示名称(主要用于内部通话,建议与分机号码相同,或者使用英文或汉语拼音名称),Secret 框里输入为该分机设置的登录密码,安全起见,最好设置 6 位以上的包含字母与数字的组合,密码输入框下部会同步显示当前设置的密码强度。示例设置如图 5-4 所示:

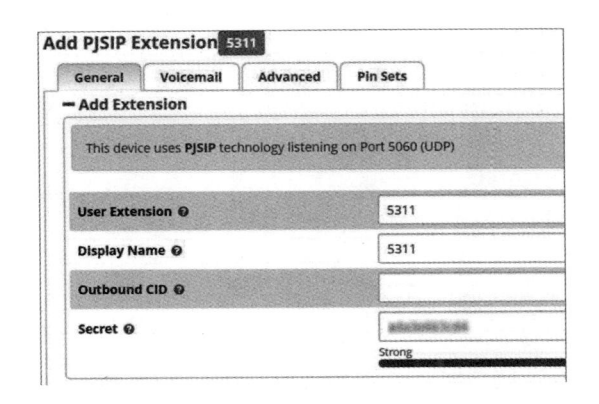

图 5-4　FreePBX 添加 SIP 分机 General 选项卡示例设置

在 Advanced(高级选项)选项卡里,主要设置外呼来电显示、外呼限制、通话录音、呼叫转接、SIP 语音及传输信令的高级设置。对于

---

① 虽然分机号码可以设置任意的数字,但是安全起见,不建议设置常规的 1001、1111 等为起点的连续号码列表,可以根据情况使用 5311、5312、5313、5314 等号码列表。

绝大部分的使用场景，使用 FreePBX 的默认设置即可。结合电话调查室外线呼叫规模以及通话录音的需求，可以将单个分机同时外呼的数量限制为 1，另外再对分机外呼通话启用强制录音。具体来讲，可将 Outbound Concurrency Limit（同时外呼限制）设置为 1，将 Recording Options（录音选项）下的 Inbound External Calls（外线呼入通话）和 Outbound External Calls（外线呼出通话）这两处的设置改为 Force（强制），这样当该分机向外拨打电话或接听外线来电时，FreePBX 系统会自动开始录音。此处的具体设置情况如图 5-5 所示。

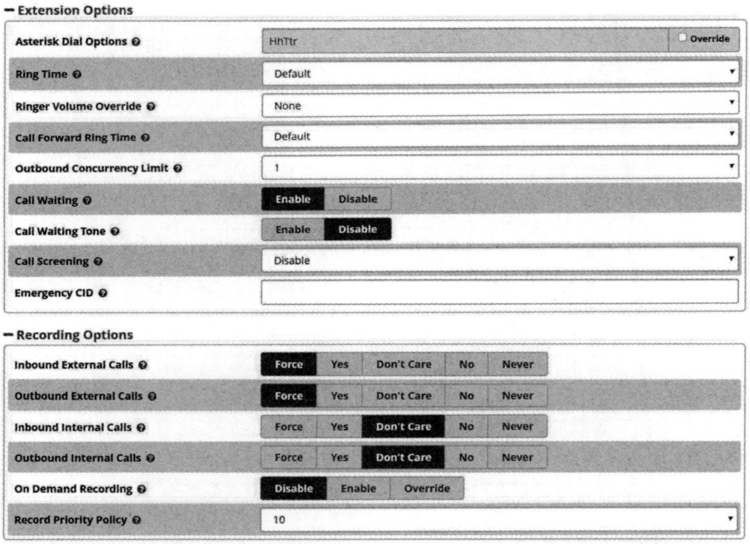

图 5-5　FreePBX 添加 SIP 分机 Advanced 选项卡中修改的部分选项

以上设置检查无误后，鼠标点击页面右下角的 Submit 按钮提交。接着根据电话调查室所需的分机数量，重复前述步骤逐个创建对应的分机。在创建新的分机时，请务必保证各个分机号码及显示名称不重复，同时为各个分机设置不同的登录密码。所需的全部分机添加完毕后，鼠标点击 FreePBX 系统管理页面右上角的红色 Apply Config 按钮，使添加分机的设置全部生效。

二 批量创建分机

当电话调查室所需分机数量较多时，采用逐个创建方式会比较费时费力，此时可以采取批量创建的方式，集中编辑好分机号码及配置文件后，一键导入 FreePBX 系统中即可完成所需分机的批量创建工作。

为了方便对照编写分机配置文件，建议先按照上一节的步骤单独创建一个分机，形成一个示例配置文件作为参考，然后再按照步骤批量创建分机。在 FreePBX 系统管理 Dashboard 概览页面上，鼠标点击页面最上方菜单栏的 Admin 菜单项，从下拉菜单里点击 Bulk Handler 以进入 FreePBX 系统的批量处理页面（见图 5-6）。

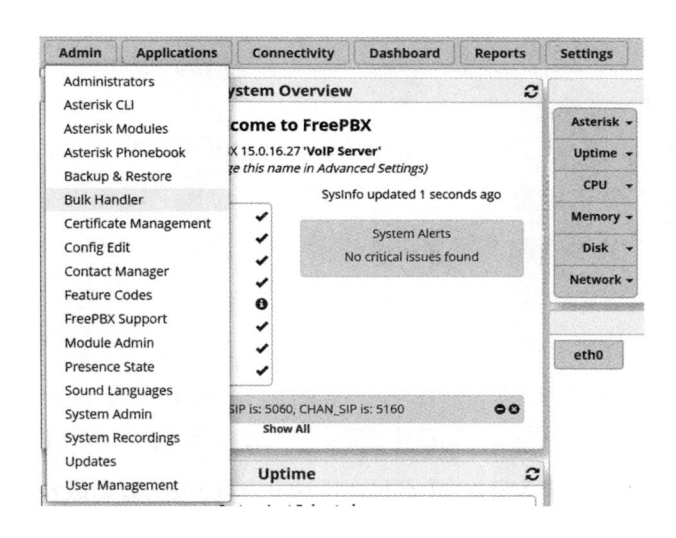

图 5-6　FreePBX 批量处理菜单路径

进入 FreePBX 批量处理页面后，可以发现共有两大功能，一个是 Export（导出），将当前系统的设置信息批量导出，另一个是 Import（导入），将已经配置好的文件导入系统以实现批量创建。我们最终需要的是将已经准备好的分机配置文件导入系统以实现批量创建分机的目的,但是为了方便编辑配置文件,在此之前,应该先将当前系统的分机配置信息文件导出作为模板进行编辑。鼠标点击 CSV File 旁边的 Export 按钮(点击之前最好确认当前是在 Extensions 选项卡下),根据系统提示保存导出的分机配置信息文件(见图 5-7)。

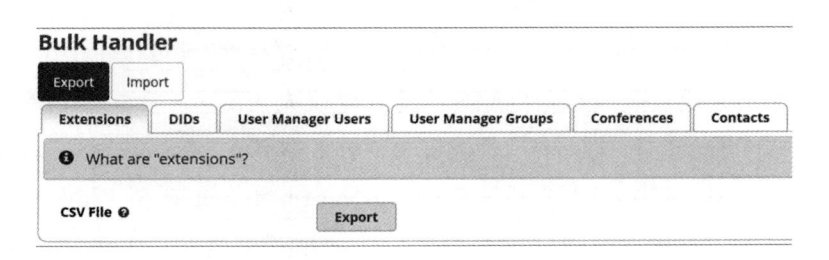

图 5-7 FreePBX 批量处理页面

导出的分机配置信息文件名称为 extensions.csv(见图 5-8),可以使用 Excel 或 Notepad++等程序打开。为了方便编辑,避免出现文本格式的问题,此处使用 Notepad++程序打开文件。在打开的文件里可以清楚地看到,文件第一行对应的是 FreePBX 分机创建过程中的选项字段,各个字段以半角逗号相分隔。第二行("5311"起始的一行,示例图中选中的部分)为分机 5311 相应的配置信息。要创建新的分机,首先复制已有的分机配置信息并粘贴到新行,然后更改部分信息即可。实际上,不同分机除了分机号码、显示号码、密码这些配置信息不同,其余的选项设置都是一样的,因此在粘贴的新行中,只需要将所有的"5311"更改为相应的新的分机号码即可①。

---

① 为了方便示例,示例文件中各个分机的密码被设置为与分机号码相同的字符,读者可以根据需要灵活地设置自定义密码。分机密码在配置文件中对应的选项字段是 secret,根据配置信息文件中字段的排列顺序,更改分机号码信息行"pai"字符前面的信息即可(倒数第 8 个,部分配置信息为空时也应计算一个顺序,即一个逗号对应一个配置选项)。

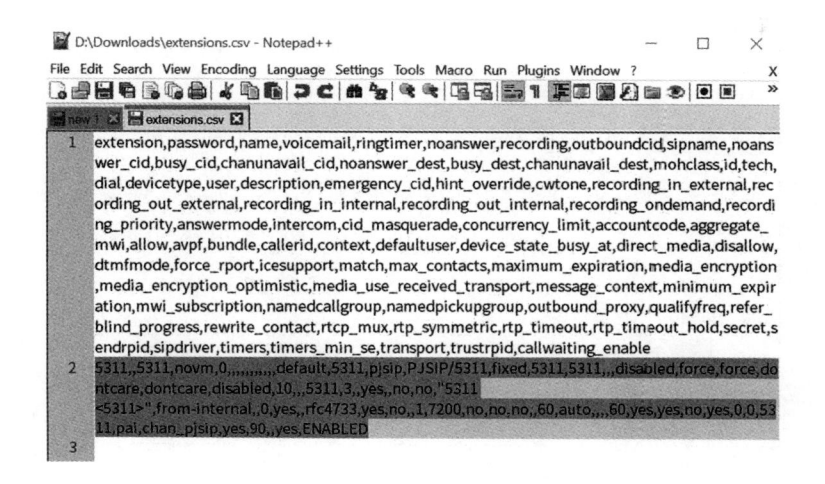

图 5-8　FreePBX 系统导出的分机配置信息文件

图 5-9 中显示增加了一个号码为 5312 的分机后的配置文件情况，要增加新的分机，只需要重复以上步骤即可。配置文件更改完毕后，保存以备下一步使用。

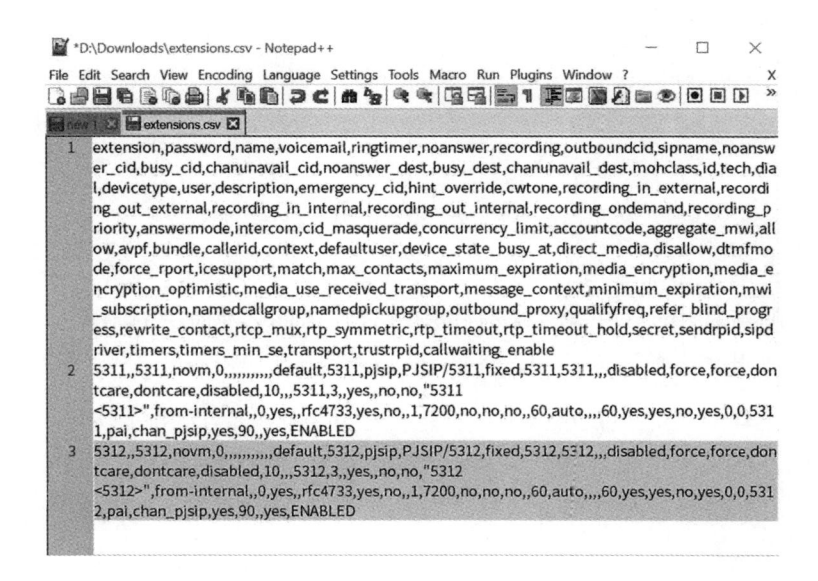

图 5-9　FreePBX 批量创建分机配置文件示例

接下来鼠标点击 FreePBX 批量处理页面中的 Import 菜单（见图 5-10），出现批量导入分机配置信息的页面。在打开的批量导入分机配置信息的页面上，鼠标点击 CSV File 文字下的 Browse 按钮（点击之前最好确认当前是在 Extensions 选项卡下），选择刚才保存的批量分机配置文件，点击页面下方的 Submit 按钮提交至系统。

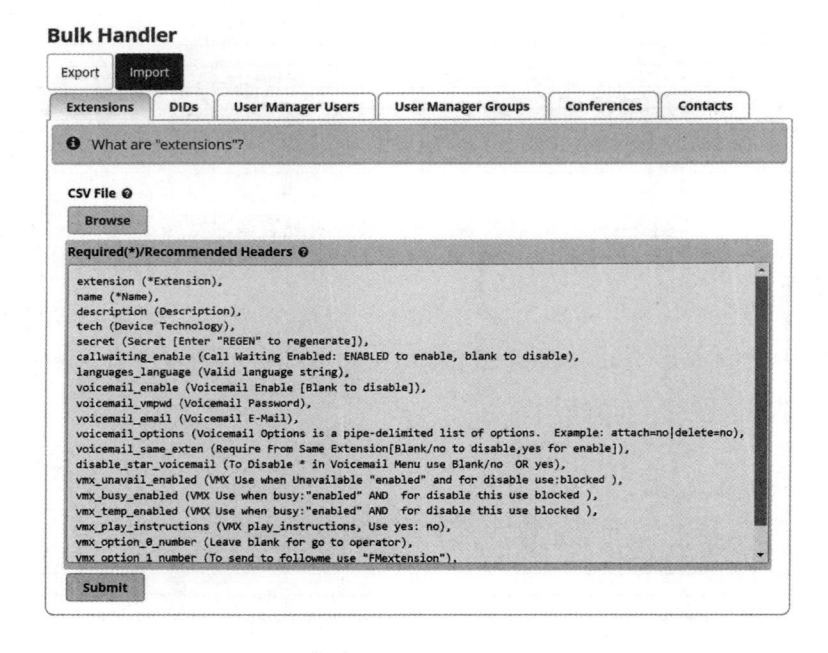

图 5-10　FreePBX 批量处理分机导入页面

配置文件提交至系统后，紧接着会弹出确认页面（见图 5-11），显示待提交的配置文件中包含的分机配置信息，检查无误后，鼠标点击页面右下方的 Import 按钮，等待系统读取配置文件并将其正式导入系统，然后再点击旁边的 Finished 按钮结束批量创建分机的操作。

以上步骤全部操作完毕后，鼠标点击 FreePBX 系统管理页面右上角的红色 Apply Config 按钮，使批量添加分机的设置全部生效。

如果以上操作全部正常，在 FreePBX 系统管理 Dashboard 概览页

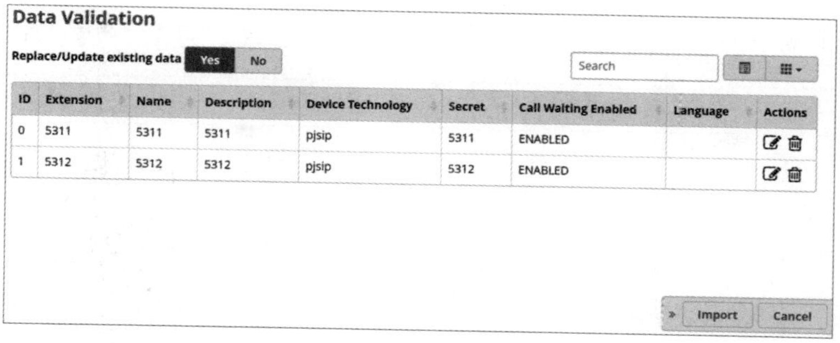

图 5-11　FreePBX 批量导入分机确认页面

面上，鼠标点击页面最上方菜单栏的 Applications 菜单项，从下拉菜单里点击 Extensions 进入分机管理页面后，便可以显示当前系统所有的分机列表，刚才批量新增的分机应全部在列（见图 5-12）。

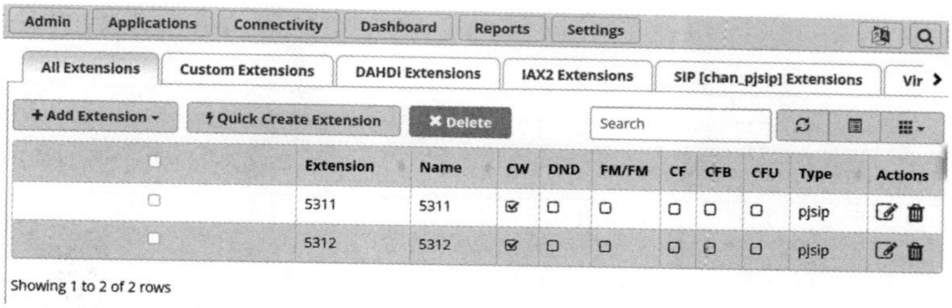

图 5-12　FreePBX 系统所有分机列表

为了方便后续对照配置各个访员终端（主要是分机号码与密码等信息），可以再次进入 FreePBX 批量处理页面，将系统当前的全部分机信息导出，制作成分机与密码一览表。

第二节　语音中继设置

一般情况下，一条数字中继语音专线使用一个 E1（2Mbps）端口提供 30 路语音独立通道，支持 30 路语音并发，因此正常情况下，一条语音专线即可满足小型电话调查室的通话需求。目前，数字中继线路的价格已经有了相当幅度的下调，一般情况下，运营商会根据用户的话务量，采用不同的资费标准，总体通话成本低于日常电话或手机通话资费。

在开始本节的中继线路设置之前，请确保已经按照前述第二章第四节"小型电话调查室的网络拓扑与配置"中的介绍，将电话调查室的网络设备全部正确连接与配置，且能够 PING 通运营商的 SIP 语音服务器。

电话调查室的内部分机能够往外拨打电话的前提是 FreePBX 系统里有至少一条可用的语音中继线路，因此要实现外呼功能，首先必须要在 FreePBX 系统里添加一条中继线路。在 FreePBX 系统管理 Dashboard 概览页面上，鼠标点击页面最上方菜单栏的 Connectivity 菜单项，从下拉菜单里点击 Trunks 以进入 FreePBX 系统的中继管理页面（见图 5 - 13）。

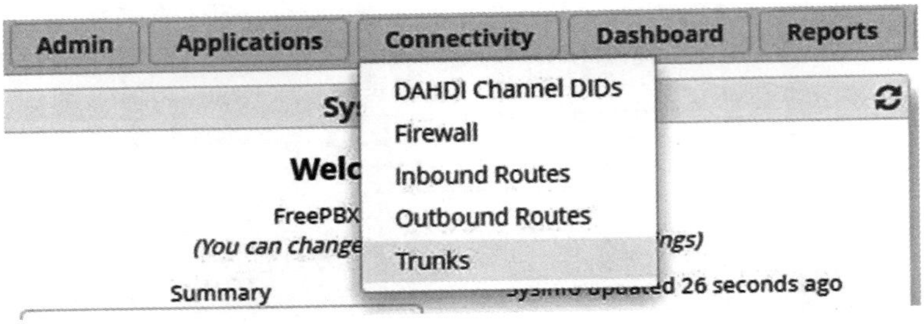

图 5 - 13   FreePBX 中继管理菜单路径

进入 FreePBX 中继管理页面后，假如已经创建过中继，页面会显示当前系统的全部中继列表。鼠标点击 Add Trunk 按钮弹出添加中继的下拉菜单，可以发现 FreePBX 系统缺省支持 SIP 中继、DAHDi 中继、IAX2 中继、ENUM 中继、DUNDi 中继和自定义中继这几种类型，此处选择 Add SIP（chan_pjsip）Trunk 以创建一个新的 SIP 中继(见图 5 – 14)。

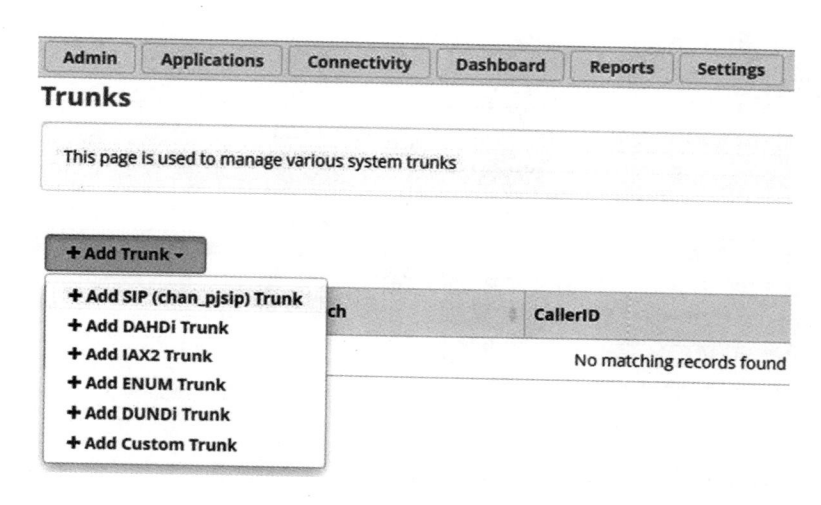

图 5 – 14 FreePBX 添加中继菜单选项

在打开的 SIP 中继创建页面上,可以发现共有三个选项卡(见图 5 – 15),分别是 General(一般)、Dialed Number Manipulation Rules(呼叫号码变换规则)、pjsip Settings(pjsip 设置)。呼叫号码变换规则是指当分机拨打号码时,FreePBX 系统先对号码进行处理后再送往中继线路呼出的规则,比如添加或删除号码的前缀(常用于添加或删除号码前的 0 或区号),或者替换部分数字。大部分情况下,通过运营商的语音专线拨打本地手机号码时,不需要在号码前加任何前缀,只有在拨打外地或其他运营商的手机号码时才需要在原始号码前加拨 0[①]。由于这一规则比较简单,可以在后期生成供访员拨打的号码列表时统一处理,因此无须在添加中继线路时单独设置。这样在添加 SIP 中继时,只需要修改 General(一般)和 pjsip Settings(pjsip 设置)这两个地方的设置即可。

---

① 各个地区或不同运营商对本地或外地号码的拨号规则可能有所不同,具体可以咨询客户经理,或者待配置完中继线路与访员终端后直接使用真实手机号码进行测试。

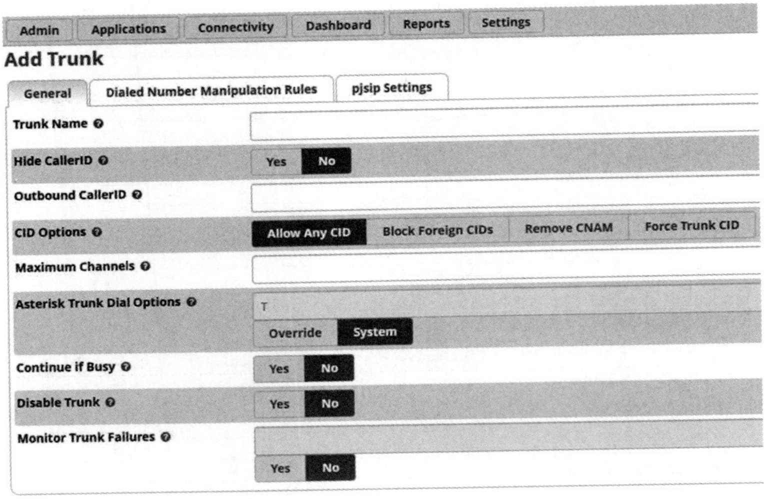

图 5-15 FreePBX 添加 SIP 中继页面

在 General 选项卡里，主要需要设置中继名称、外呼来电显示号码①、最大允许并发呼叫数这几个地方。在 Trunk Name 框里输入中继名称，Maximum Channels 框里输入最大允许并发呼叫数（指通过本条中继线路最大允许多少路同时呼叫，一般设置为电话调查室全部分机数量②）。示例设置如图 5-16 所示。

在 pjsip Settings 选项卡里，主要需要设置 General 选项卡里的 SIP 中继服务器 IP 地址、端口、注册用户名、密码③，Advanced（高级选项）和 Codecs（语音编码）这两处除非有特殊要求，否则不要改动默认设置。在 Username 框里输入电信运营商提供的 SIP 语音中继服务器的注册用户名，Secret 框里输入对应的登录密码，SIP Server 框里输

---

① 外呼来电显示号码指电话调查室内部访员终端往外线拨打号码时，被叫方电话上显示的来电号码。通常电信运营商一条语音专线会包含 30 个电话号码，为了保持呼出号码统一，可以从中选择一个作为中继线路的外呼来电显示号码。

② 中继线路的最大允许并发呼叫数受限于运营商语音专线的局端设置。

③ 关于中继服务器的这些配置信息，在开通语音专线时，运营商会一同提供。如果没有或发现配置后无法连接上中继服务器，可以联系运营商客户经理核对排查。

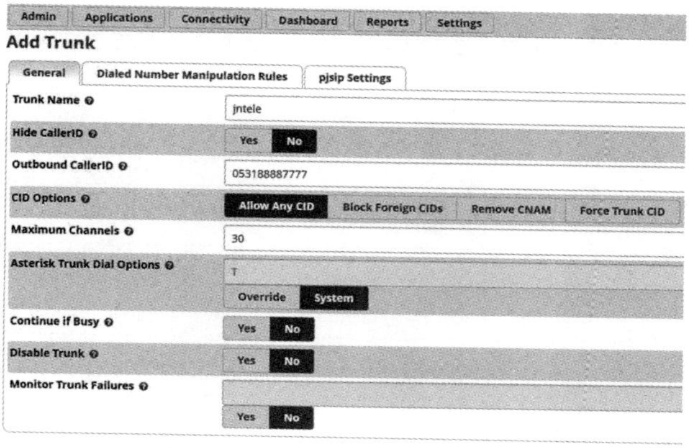

图 5 – 16 FreePBX 添加 SIP 中继 General 选项卡示例设置

入 SIP 中继服务器的 IP 地址，SIP Server Port 框里输入 SIP 中继服务器的端口号。示例设置如图 5 – 17 所示。

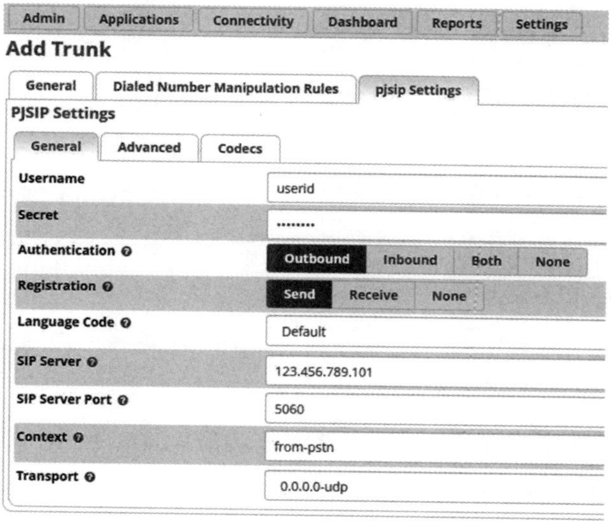

图 5 – 17 FreePBX 添加 SIP 中继 pjsip Settings 选项卡示例设置

以上设置检查无误后，鼠标点击页面右下角的 Submit 按钮提交，接着再鼠标点击 FreePBX 系统管理页面右上角的红色 Apply Config 按钮，使添加中继的设置全部生效。

保险起见，在进入下一步的呼叫路由设置之前，还需要确认刚才添加的中继线路是否能够正常连接。这些信息可以在 FreePBX 的 Asterisk 服务状态页面查看。在 FreePBX 系统管理 Dashboard 概览页面上，鼠标点击页面最上方菜单栏的 Reports 菜单项（见图 5-18），在下拉菜单里点击 Asterisk Info 以进入 Asterisk 服务状态页面。

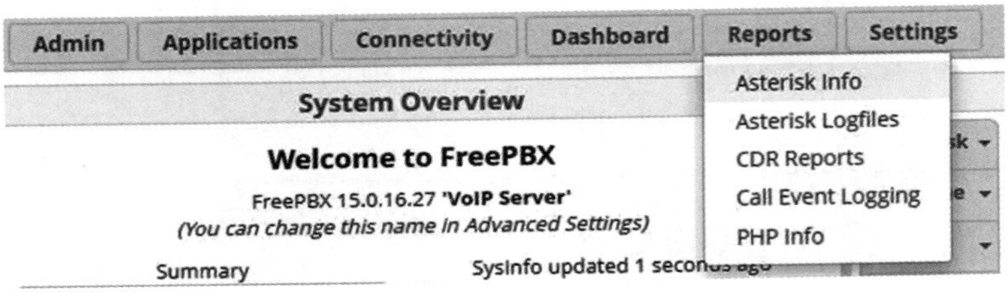

图 5-18　FreePBX 系统 Asterisk 状态页面菜单路径

在随后打开的 Asterisk 状态页面中（见图 5-19），详细地显示了底层 Asterisk 呼叫系统中各组件的状态信息，首当其冲的是 Channels（通道）状态信息。根据页面上的显示，可以发现刚才创建的两个分机 5311 和 5312，由于还没有配置访员终端，因此都处于 OFFLINE 离线状态。而刚才添加的中继线路 jntele 的状态为 ONLINE 在线状态，这表明中继线路各项参数配置正确，FreePBX 能够正常地注册到电信运营商的 SIP 语音中继服务器上。接下来需要再进行最后一项工作，将该条中继线路设置为电话系统的默认外呼线路，使得内部各个访员终端可以通过它拨打外线号码。

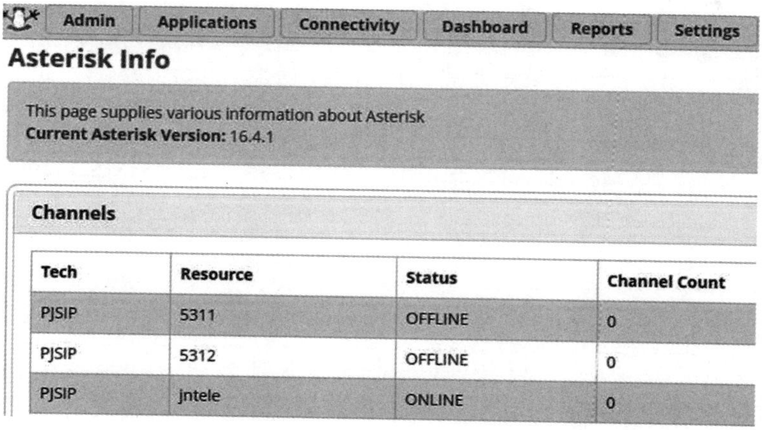

图 5 – 19　FreePBX 系统 Asterisk 状态页面

第三节　呼叫路由设置

语音中继设置完成后，相当于已经建成了一条连接内部与外部的高速公路，然而要让车辆（访员终端）进入高速公路，还需要引导车辆找到高速公路入口，这一过程就是路由。因此，为了让访员终端能够使用刚才设置的中继线路向外拨打电话，需要设置呼出路由，同时为了使外部电话能够呼入电话调查室，便于接收调查反馈，还可以设置呼入路由。

一　呼出路由设置

在 FreePBX 系统管理 Dashboard 概览页面上（见图 5 – 20），鼠标点击页面最上方菜单栏的 Connectivity 菜单项，从下拉菜单里点击"Outbound Routes（呼出路由）"进入 FreePBX 系统的呼出路由设置页面。

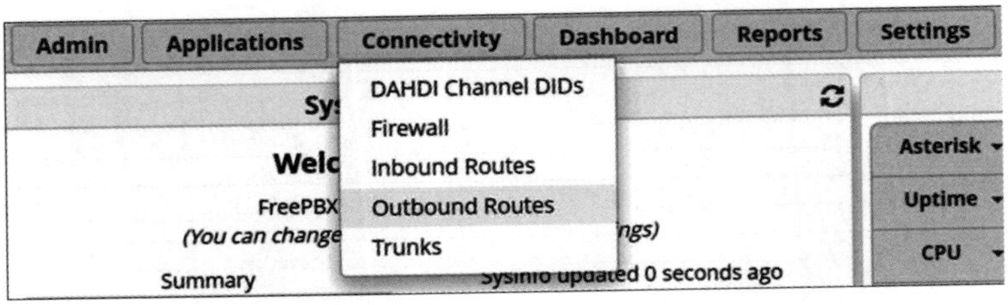

98　/　人文社科研究数据采集教程：低成本开展 CATI 电话调查

图 5-20　FreePBX 呼出路由管理菜单路径

进入 FreePBX 呼出路由设置页面后（见图 5-21），假如已经创建过呼出路由规则，页面会显示当前系统的全部呼出路由列表。鼠标点击 Add Outbound Route 按钮进入添加呼出路由的设置页面，可以发

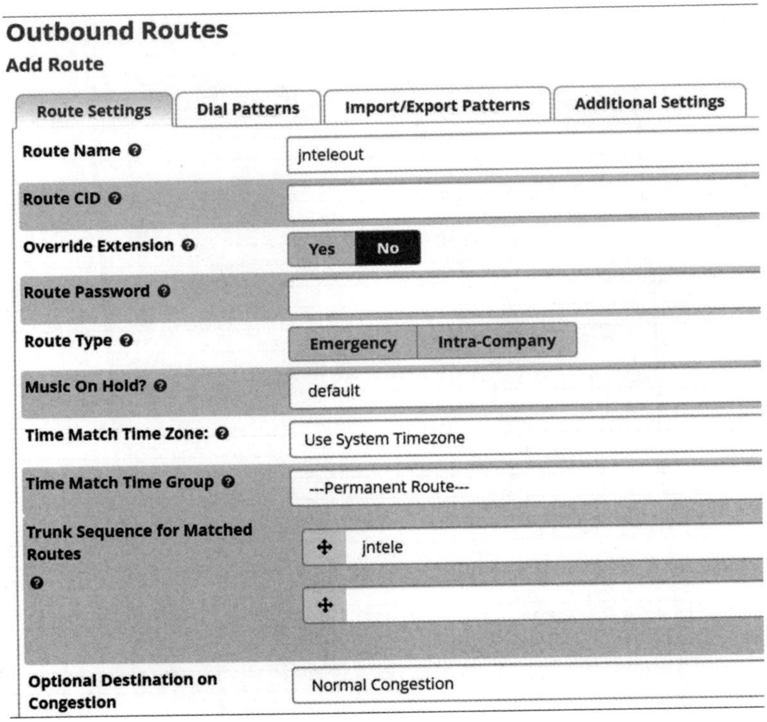

图 5-21　FreePBX 添加呼出路由 Route Settings 示例设置

现共有 Route Settings（路由设定）、Dial Patterns（拨号模式）、Import/Export Patterns（导入导出模式）、Additional Settings（附加选项）四个选项卡。Dial Patterns 主要为了设置使用该条路由时号码变换的规则，由于可以在后期生成供访员拨打的号码列表时根据运营商线路的规定统一添加前缀或变换号码，因此在此处设置允许所有号码即可。Additional Settings 里是指通话录音的相关设置，由于在前面创建分机时已经设置过通话录音的选项，此处可以不再设置。这样在设置呼出路由时，主要更改 Route Settings 以及 Dial Patterns 下的相关设置。

在 Route Settings 选项卡里，需要设置的地方包括路由名称和路由使用的中继线路，其余选项保持默认设置即可。首先在 Route Name 框里输入该呼出路由的名称，然后在 Trunk Sequence for Matched Routes 的下拉菜单里选择刚才创建的中继线路。

Route Settings 里的选项设置完毕后，转至 Dial Patterns（呼出号码格式）选项卡（见图 5－22）。可以看到，页面上共有四个输入框，分别是 prepend、prefix、match pattern 和 CallerID。号码匹配规则通常用于存在多条中继线路的情况下，通过设置不同的号码匹配规则，可以为不同的呼出号码设定不同的路由（如不同运营商、不同国别和地区、固话或手机等）。在设置号码匹配规则时，最重要的三个概念是 match pattern、prepend 和 prefix。match pattern 比较容易理解，它是指分机所拨出的号码是否符合该条路由规则预设的格式，假如格式相匹配，则允许通过此路由发送到对应的中继线路。格式匹配通常使用 FreePBX 内置的适配符，其中 X 表示 0—9 范围内的任意数字，Z 表示 1—9 范围内的任意数字，N 表示 2—9 范围内的任意数字，[1237—9] 表示方括号中的任意字符（本例指 1、2、3、7、8、9 中的任意数字），"."表示任意字符。假如调查室拥有两条中继线路，一条专门用于呼叫中国移动手机号码，另一条专门用于呼叫固定电话，这样在设置用于移动手机号码的呼出路由时，可以设置号码匹配格式为 1×××××××××××（总长度为 11 位，以 1 开头，后 10 位为 0—9

范围内的数字）①。prepend 是指号码符合匹配格式时，FreePBX 系统在将此号码送往对应的中继线路拨出时，自动添加的数字前缀。prefix 是指号码符合匹配格式时，FreePBX 系统在将此号码送往对应的中继线路拨出时，自动删除的数字前缀。

由于我们计划将所有号码通过此条路由送至中继线路呼出，因此可以在 match pattern 框里输入 X. ②，表示只要是以 0—9 范围内数字开头的任意长度的号码都可以匹配这条呼出路由。示例设置如图 5-22 所示。

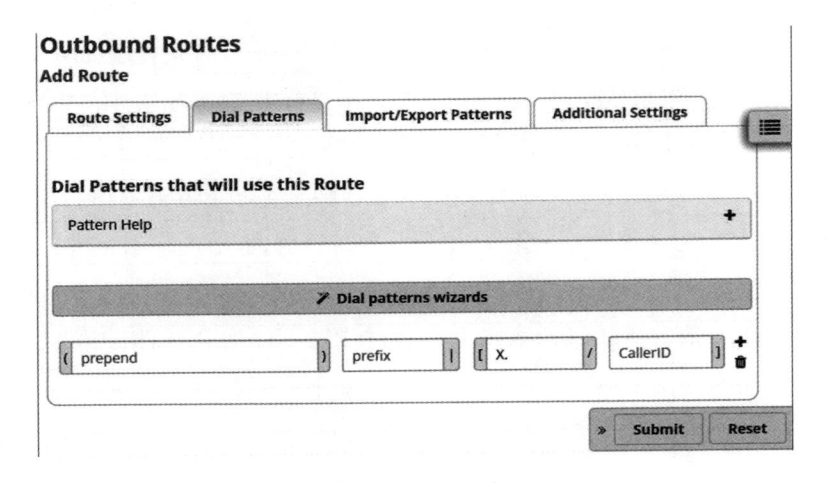

图 5-22　FreePBX 添加呼出路由 Dial Patterns 示例设置

以上设置检查无误后，鼠标点击页面右下角的 Submit 按钮提交，接着再鼠标点击 FreePBX 系统管理页面右上角的红色 Apply Config 按

---

① 使用正则表达式可以设置更为复杂的格式匹配规则，比如不同的运营商、不同地区、不同类别、不同长度的号码使用不同的中继线路，关于正则表达式的用法，可以参考 https://regexr.com/ 的介绍。

② 在这种情况下，虽然单纯使用 . 匹配任意字符（表示分机所拨出的任意长度包括任意字符的号码）也可以满足要求，但是由于 . 还可以匹配除数字外的其他任意字符，因此为了避免出现可能的意外问题，不建议使用 . 匹配任意号码。

钮，使添加呼出路由的设置全部生效。

二　呼入路由设置

某些时候，被访人可能会回拨未接来电，或者调查团队希望接听被访对象的电话反馈，因此除了方便电话调查室的内部分机拨出外线电话，还需要设置呼入路由，使得外部电话能够呼入电话调查室。呼入路由设置的是当外部电话呼入时，应该由哪部分机接听，当然也可以设置为转到 IVR（互动式语音应答），或设置更为灵活的应答程序。此处介绍将呼入电话转到内部指定分机的设置步骤，其余的接听目的地的设置大同小异，可以参考 FreePBX 教程自主设置。

在 FreePBX 系统管理 Dashboard 概览页面上（见图 5-23），鼠标点击页面最上方菜单栏的 Connectivity 菜单项，从下拉菜单里点击 Inbound Routes 以进入 FreePBX 系统的呼入路由管理页面。

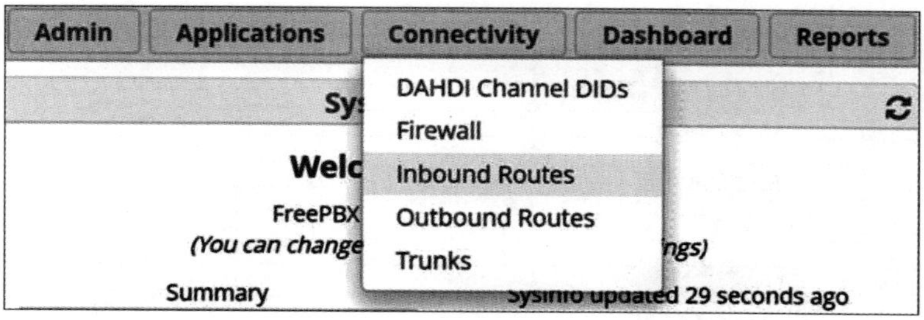

图 5-23　FreePBX 呼入路由管理菜单路径

进入 FreePBX 呼入路由管理页面后（见图 5-24），假如已经创建过呼入路由规则，页面会显示当前系统的全部呼入路由列表。鼠标点击 Add Inbound Route 按钮进入添加呼入路由的设置页面，可以发现共有 General（一般选项）、Advanced（高级选项）、Privacy（隐私选项）和 Other（其他选项）四个选项。Advanced 选项卡主要包括国家区域（以此对应系统内置的不同的默认振铃声）、特殊振铃信令、拒接收费电话、强制接听等选项，除非有特殊设备或需求，否则无须设置。Privacy 选项卡里主要设置当呼入来电没有显示来电号码时，要求呼入方手动输入其电话号码，这个一般也不需要改变默认设置。Other 选项卡主要是通话录音的设置，由于在前面创建分机时已经设置过通话录音的选项，此处可以不再重复设置。这样在设置呼出路由时，只需要更改 General 选项卡下的相关设置。

在 General 选项卡里，一般只需要设置呼入路由名称与呼入转接目的地，其余选项保持默认设置即可。首先在 Description 框里输入该呼入路由的名称，然后在 Set Destination 的下拉菜单里选择 Extensions，表示希望要将呼入电话转接至内部分机，紧接着在出现的下拉框里选择指定的内部分机。示例设置如图 5-24 所示。

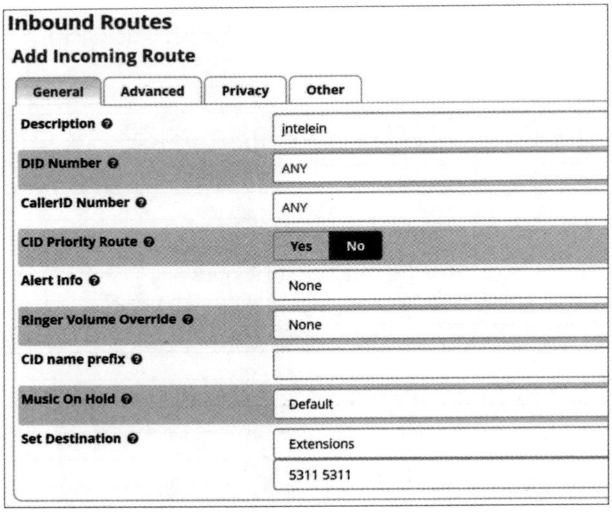

图 5-24　FreePBX 添加呼入路由 General 选项卡示例设置

以上设置检查无误后，鼠标点击页面右下角的 Submit 按钮提交，接着再鼠标点击 FreePBX 系统管理页面右上角的红色 Apply Config 按钮，使添加的呼入路由设置全部生效。

不过值得注意的是，当呼入路由目的地设置为某个分机后，只有当该分机接入并注册至 FreePBX 系统后才可以接听来电。为了避免漏接工作时间以外呼入的电话，可以设置当对应分机无人接听或无法接通时将呼入电话呼叫转移至固定电话或手机号码上。设置方法为，在对应的访员终端（注册分机）上，拨打 *52 加要呼叫转至的电话号码①，如 *5213912345678，这样当有外线电话呼入时如对应的分机无人接听，系统会自动将其呼叫转移至 13912345678 这个手机号上。如果想取消呼叫转移，在对应的访员终端（注册分机）上拨打 *53 即可。除此之外，FreePBX 系统还内置了许多其他的特性码，可以设置各种状态下的呼叫转移、呼叫等待等功能。要查看 FreePBX 系统的特性码一览表，可以在 FreePBX 系统管理 Dashboard 概览页面上（见图 5–25），鼠标点击页面最上方菜单栏的 Admin 菜单项，从下拉菜单里点击 Feature Codes 进入 FreePBX 系统的特性码管理页面。在打开的特性码管理页面上，既可以启用或禁用某个特性码，还可以修改某个特性码。

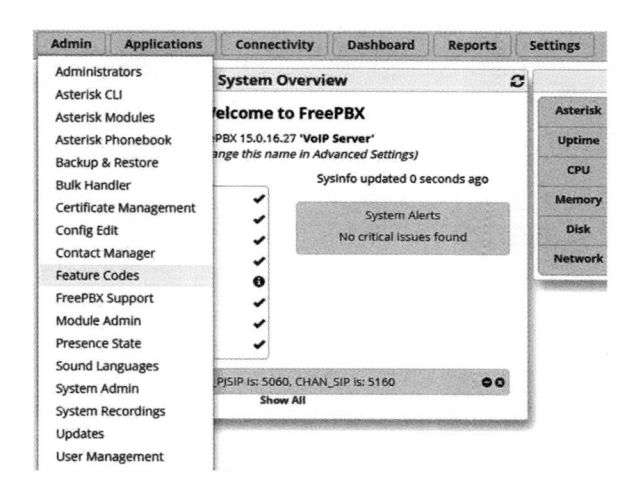

图 5–25　FreePBX 特性码管理菜单路径

---

① 电话号码规则应遵循电信运营商语音专线的拨号规则，如外地号码或其他运营商号码前加 0。

到现在为止，借助 FreePBX 强大的 IP-PBX 功能，我们部署了一个全功能的集团语音系统。在这个系统里，已经设置好了内部分机（对应访员终端）、中继线路（供内部分机拨打外线电话）以及相应的呼出呼入路由，这意味着内外通话的所有要素已经全部具备。现在只要配置好一部电话分机（硬件或软件形式）并将其接入 FreePBX 系统，就能拨打或接听外线电话。下一章将介绍如何配置访员终端，并将其接入 FreePBX 呼叫系统。

第六章 访员终端设置

得益于 IP-PBX 呼叫系统的灵活性以及 SIP 协议的开放性，SIP 软件电话客户端的可选择性非常广，而且横跨包括 Android、iOS、Windows、Mac、Linux 等在内的各个平台，其中既有商业授权的，也有免费开源的。本书介绍的方案通过在访员的电脑或智能手机上安装此类软件电话客户端，以完成电话外呼与电子问卷填答等功能。相比传统的使用专用硬件电话机的方式，本方案不但更加节省成本，还可以方便地与其他系统集成，实现更为灵活的控制。

基于知名度、功能、使用平台与授权费用等各个因素综合考虑，本方案选择了 Zoiper 作为 PC 电脑和智能手机上的 SIP 客户。作为使用最为广泛的 SIP 客户端之一，Zoiper 最突出的特点是功能全面、界面简洁美观。虽然 Zoiper 并不开源，但从授权性质上来说，它既有商业版的，也有免费版的，而且免费版本的功能足够丰富[1]。从适用的平台来看，Zoiper 支持 Android、iOS、Windows 智能手机、Windows 桌面、Mac 以及 Linux 系统。

以下内容主要介绍访员终端上软件电话分机的设置，为了兼顾各类访员终端的使用情形，本章将访员终端分为两类逐一进行介绍：PC

---

[1] Zoiper 免费版本支持安装在各个平台的操作系统上，从具体功能上来说，它支持设置 1 个 SIP 账号与 1 个 IAX 账号，同时支持两路语音通话，其余的功能还包括回声消除、语音降噪、自动音量调整等。语音编码方面，免费版本支持 G.711（ulaw, alaw）等常见的编码格式，能够满足绝大多数情况下小型电话调查室的功能需求。关于 Zoiper 的免费版与专业版的功能区别，可参考 Zoiper 官网的功能一览表，网址：https://www.zoiper.com/en/products/zoiper5/features。

电脑和智能手机（平板电脑）。设置完成后，访员终端可以接入 FreePBX 系统并通过设定好的语音中继线路呼出电话。

第一节　制作测试号码列表

在 PC 电脑与智能手机上安装配置访员终端之前，可以提前准备好浏览器以及用于电话调查测试的号码列表。

在浏览器的选择方面，理论上可以使用任何浏览器，本书推荐在 Windows PC 电脑上使用 Windows 10 系统自带的 Microsoft Edge 浏览器。首先，Windows 10 原生内置了 Microsoft Edge 浏览器，因此无须额外安装第三方浏览器，节省了部署工作，也降低了学习和使用成本。其次，Microsoft Edge 浏览器经测试可以方便地实现在网页上点击电话号码后自动使用 Zoiper 拨号的功能，使用起来更加便利。在智能手机上，直接使用系统自带的浏览器即可。

接下来需要准备一份测试号码列表，供下一步安装好 Zoiper 客户端测试内线与外线拨号用。打开 Notepad++程序，然后将下表中的示例代码（见表 6-1）敲进去。为了节省时间，可以访问本书的配套资源（链接：https://icloud.qd.sdu.edu.cn:7777/link/23E3F197A4602B71B2A572D0262F54 4B，访问密码：GPjB），打开后找到"测试号码列表.html"这个文件并下载。

复制后，需要对示例代码中测试外线号码 1 和外线号码 2 进行修改，分别将原始代码中所有的 13212345678 和 13098765432 这两个示例号码替换为自己的号码。如果已经有自己的电子问卷地址，也可以将原始代码中的 http：//survey.sduudpp.org/index.php/145892 以及"正式调查时请替换为你自己的电子问卷地址"文本全部替换为自己的电子问卷地址。

表6-1　　　　　　　　　测试号码列表代码

```html
<!DOCTYPE html>
<html lang="en">
<head>
    <meta charset="UTF-8">
    <title>测试号码列表</title>
</head>
<body>
    <h1>测试用号码列表</h1>
    <div>
        <table border="1" cellspacing="0" cellpadding="8">
            <tr>
                <th>序号</th>
                <th>电话号码</th>
                <th>归属地</th>
                <th>问卷网址</th>
                <th>备注</th>
            </tr>
            <tr>
                <td>1</td>
                <td><a href="zoiper:*65">*65</a></td>
                <td>FreePBX</td>
                <td><a href="" target="_blank">无</a></td>
                <td>FreePBX 播报分机号码</td>
            </tr>
            <tr>
                <td>2</td>
                <td><a href="zoiper:*43">*43</a></td>
                <td>FreePBX</td>
                <td><a href="" target="_blank">无</a></td>
                <td>FreePBX 内部通话测试</td>
            </tr>
            <tr>
                <td>3</td>
                <td><a href="zoiper:13212345678">13212345678</a></td>
                <td>测试地区1</td>
                <td><a href="http://survey.sduudpp.org/index.php/145892" target="_blank">正式调查时请替换为你自己的电子问卷地址</a></td>
                <td>测试外线号码1，请将示例文件中的13212345678 替换为自己的号码，如线路要求外地号码前加拨0，则相应地在号码前加0。</td>
            </tr>
            <tr>
                <td>4</td>
                <td><a href="zoiper:13098765432">13098765432</a></td>
                <td>测试地区2</td>
```

续表

```
                    < td > < ahref = " http://survey. sduudpp. org/index. php/145892 " target
= " _ blank" >正式调查时请替换为你自己的电子问卷地址 </a > </td >
                    < td >测试外线号码2，请将示例文件中的 13098765432 替换为你
自己的号码，如线路要求外地号码前加拨 0，则相应地在号码前加 0。</td >
                    </tr >
                </table >
                <h2 >版权所有：山东大学城市发展与公共政策研究所 </h2 >
        </div >
    </body >
</html >
```

检查无误后保存文件，在保存文件类型时选择 Hyper Text Markup Language，这样 Notepad + + 会自动将文件保存为"测试号码列表.html"（见图 6 - 1）。

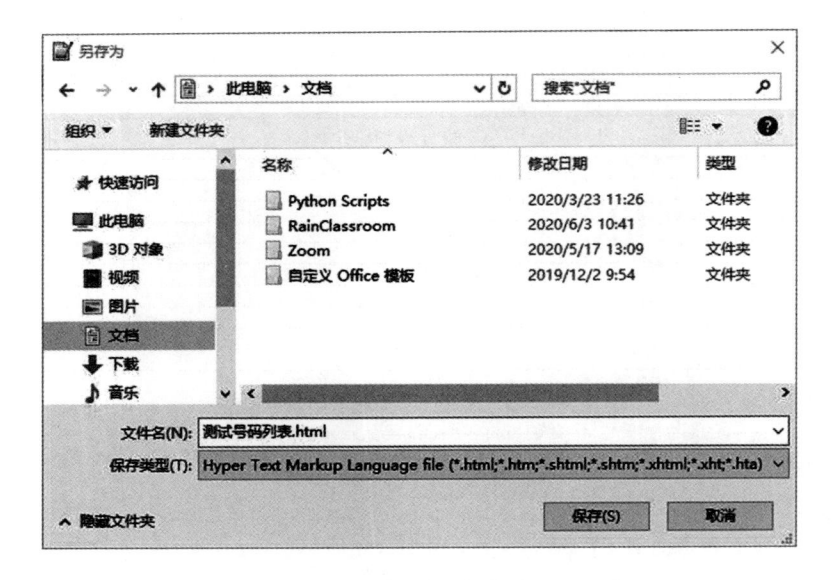

图 6 - 1　保存测试号码列表的代码文件

文件保存完毕后，鼠标右击该文件，在"打开方式"里选择 Microsoft Edge 浏览器，等待 Microsoft Edge 浏览器打开此文件（见图 6 - 2）。

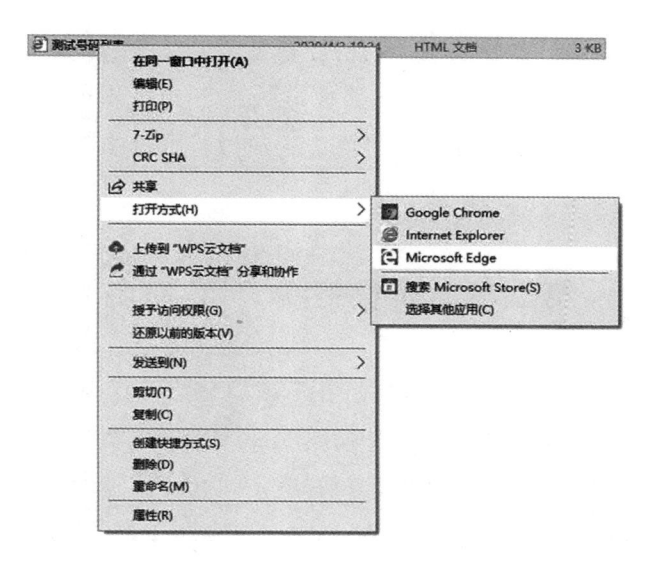

图 6-2　选择 Microsoft Edge 打开文件

Microsoft Edge 浏览器打开的页面应如图 6-3 所示，从左到右分别为序号、电话号码、归属地、问卷网址、备注。表格共有四行元素，前两行用于测试访员终端的内线呼叫，后两行用于测试访员终端的外线呼叫。下一步，当 Zoiper 客户端安装并设置完毕后，鼠标点击对应的电话号码，浏览器应该能自动打开 Zoiper 客户端并呼出相应的号码。

图 6-3　测试用号码列表示例页面

至此，访员终端安装配置前的准备工作全部结束，接下来介绍在 PC 电脑上以及安卓智能手机（平板电脑）上安装 Zoiper 客户端的步骤。安装完成后，再测试访员终端能否通过号码表顺利地接听和拨打电话。

第二节　访员终端（PC 电脑）

PC 电脑形式的访员终端是指在个人电脑上安装 Zoiper 桌面客户端，通过 Zoiper 客户端接入并注册至 FreePBX 系统实现电话的呼入呼出功能，同时使用电脑的浏览器打开电子问卷填答页面，从而实现计算机辅助电话调查的功能。本节以 Zoiper 在 Windows 10 桌面系统上的安装与配置为例，介绍 PC 电脑访员终端的配置，在 Mac 与 Linux 系统上的安装与配置过程大同小异[①]。

一　耳机与麦克风配置

Zoiper 客户端对电脑的硬件与操作系统没有特别的要求，一般近十年内购买的 PC 电脑或笔记本电脑的硬件配置都可以满足要求。访员终端的两大功能分别是语音通话与问卷填答，因此硬件上需要配备播放与录音设备（耳机与麦克风），软件上需要浏览器。

由于台式电脑一般不带喇叭与麦克风，所以如果打算将台式电脑用于访员终端，最好另行购买耳机和麦克风。一般的笔记本电脑都会自带喇叭与内置麦克风，无须单独购买耳机和麦克风即可使用，但是为了避免通话时访员之间相互干扰，增强通话效果，建议最好另行购买耳机和麦克风。

具体的耳机麦克风设备的选型，可以根据使用频率与预算自主选

---

① 关于 Zoiper 在 Windows 以及其他平台安装与设置的详细教程，可以参考 Zoiper 官网的帮助文档，网址：https://www.zoiper.com/en/support/home。

择。如果是短期、低频、小样本的电话调查，可以选购一款便宜便携的带麦克风功能的入耳式耳机。如果电话调查的任务较多或样本量较大，在预算满足的前提下尽量选择头戴包耳式的耳机，其特点是访员佩戴较为舒适，还可以较好地屏蔽环境噪声，提升通话清晰度。作为参考，山东大学城市发展与公共政策研究所电话调查室使用的是漫步者K800系列的耳机，这款耳机采用头戴包耳式设计，耳机的线控器上带有音量调节与麦克风静音的硬件开关，实际使用体验较为不错。

在选购耳机时需要注意的是，要根据电脑上耳机与麦克风的插孔类型选择正确的耳机型号，比如一般台式机电脑的耳机与麦克风插孔是分开的，而许多笔记本电脑上的耳机与麦克风插孔是合并在一起的，在购买时要相应地选择双孔版或单孔版耳机。从图6-4可以看出，双插头的耳机麦克风分别有一个耳机插头与麦克风插头，每个插头从上往下数共有三段接触端子，而且插头上面均有耳机与麦克风的符号；单插头的耳机麦克风将耳机与麦克风的插头合而为一，从上往下数共有四段接触端子，插头上无须符号区分。

图6-4 双插头与单插头耳机麦克风

选定了耳机麦克风后，接着需要将其正确地插在电脑上相应的插孔上。对于笔记本电脑来说，一般无外乎以下两种情形。第一种是笔记本电脑上只有一个插孔，上面一般画有耳机+麦克风的示意符（见

图 6-5 上），此时只需要将单插头耳机麦克风直接插入电脑插孔即可。第二种是笔记本电脑上分别有耳机与麦克风两个插孔（见图 6-5），每个插孔上一般分别有耳机与麦克风的示意符，此时需要对照双插头耳机麦克风插头上的符号，分别将耳机与麦克风插头插入电脑插孔即可。

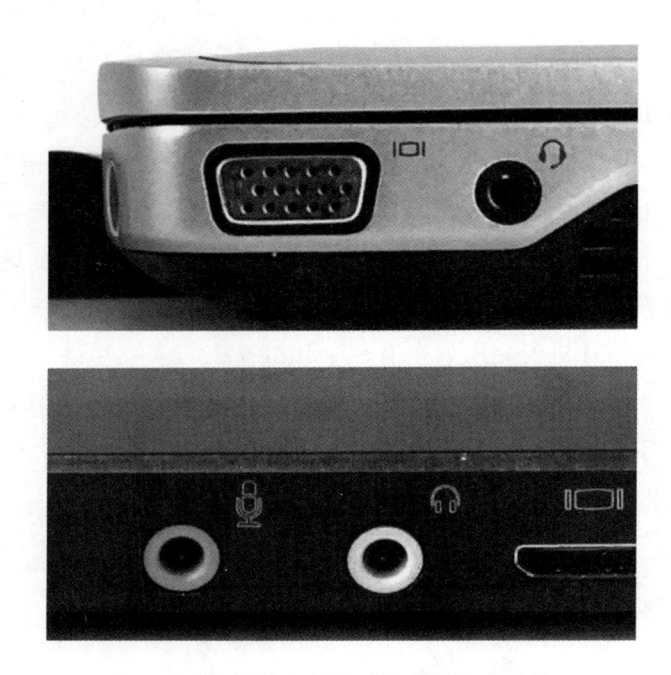

图 6-5 双插孔与单插孔的笔记本电脑接口

台式电脑的情况稍微复杂一些，有的电脑在机箱前面板设有音频接口（见图 6-6），这种情况下，只需要根据面板的接口示意符，将双插头耳机麦克风插头对照插入插孔即可。但是在实际使用中，耳机麦克风插在前面板插孔上线材比较难以整理收拾，而且容易与访员的衣物、手脚等缠绕发生意外，因此即使台式电脑前面板上有音频插孔，也不建议将耳机麦克风插在台式机的前面板上。

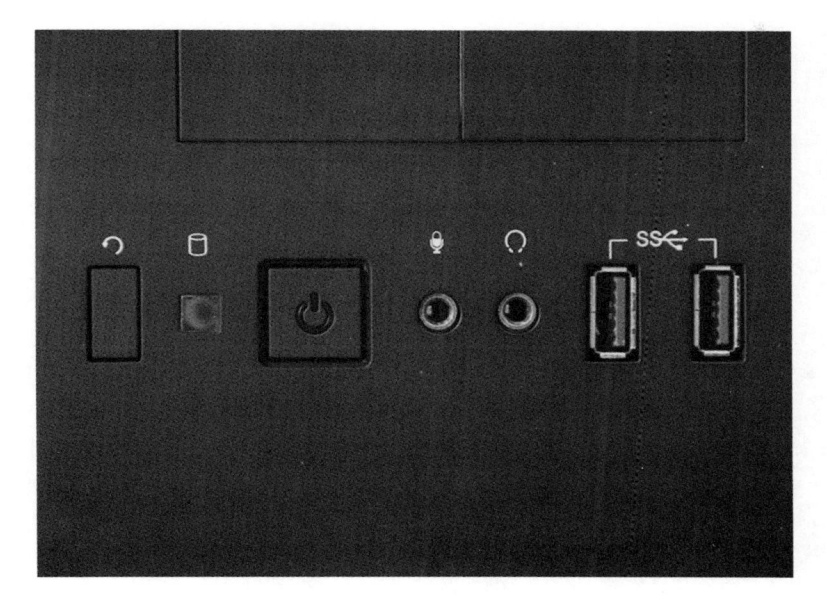

图6-6　台式电脑前面板音频接口

　　大部分台式电脑即使前面板上布置有音频接口，在机箱的后面板上一般也会有更为丰富的音频接口。台式电脑后面板的音频接口排布一般为如下两种情况。第一种情况见图6-7，自左到右分别为麦克风、音频输出、音频输入三个插孔①，此时只需要将双插头耳机麦克风的插头分别插入机箱面板上的音频输出与麦克风插孔上即可。第二种情况见图6-8，第一行自左到右分别为SPDIF光纤输出口、后置音箱接口、低音炮接口，第二行自左到右分别为麦克风、音频输出、音频输入三个插孔，我们仍然根据示意符上的箭头方向判断音频输出与音频输入插孔，然后将双插头耳机麦克风的插头分别插入机箱面板上的音频输出与麦克风插孔上即可。

---

　　①　面板上的音频输出与音频输入插孔相似度较高，比较容易混淆，可以仔细观察插孔下方的符号，箭头由孔内向外"射出"的为音频输出插孔，耳机插头应该插在这个插孔上，相反，箭头由外向孔内"射入"的为音频输入插孔。

图 6-7　台式电脑后面板三位音频接口

图 6-8　台式电脑后面板六位音频接口

耳机麦克风与电脑连接完成后，可以在电脑上播放一段音乐测试耳机是否可以发声，同时根据声音大小调节至合适的音量。对于一般的应用场景来说，耳机麦克风的硬件准备工作到此就结束了，但是由于电话调查对麦克风的要求较高，保险起见，最好在 Windows 的系统设置里检测并设置一下麦克风[①]。

鼠标右击 Windows 任务栏上的音量图标（Windows 桌面最右下角），在弹出的右键菜单中选择"打开声音设置（Open Sound settings）"（见图 6-9），打开 Windows 的声音设置窗口。

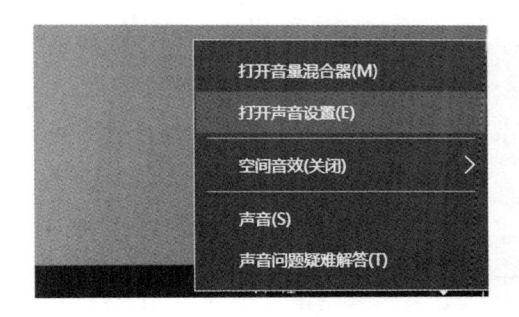

图 6-9　Windows 10 任务栏音量图标

在打开的 Windows 声音设置窗口上（见图 6-10），向下滚动至输入设备选项处，此时可以对着麦克风大声说几句话，如果麦克风连接正常，应该能看到"测试麦克风（Test your microphone）"文字下方的指示条跳动，如果指示条没有跳动，应该先检查上方输入设备下拉菜单处设备选择是否正确，然后再确认一下麦克风是否插入了正确的电脑插孔上。

为了提高麦克风的灵敏度，接着再点击窗口最下方的"声音控制面板（Sound Control Panel）"打开声音控制面板（见图 6-11），打开

---

① 正常情况下，Windows 系统会自动识别并调整麦克风的增益等设置，如果对各项设置有信心，可以跳过此步，进入耳机麦克风的测试环节，万一测试中出现声音故障后再回到此步骤调整相关设置。

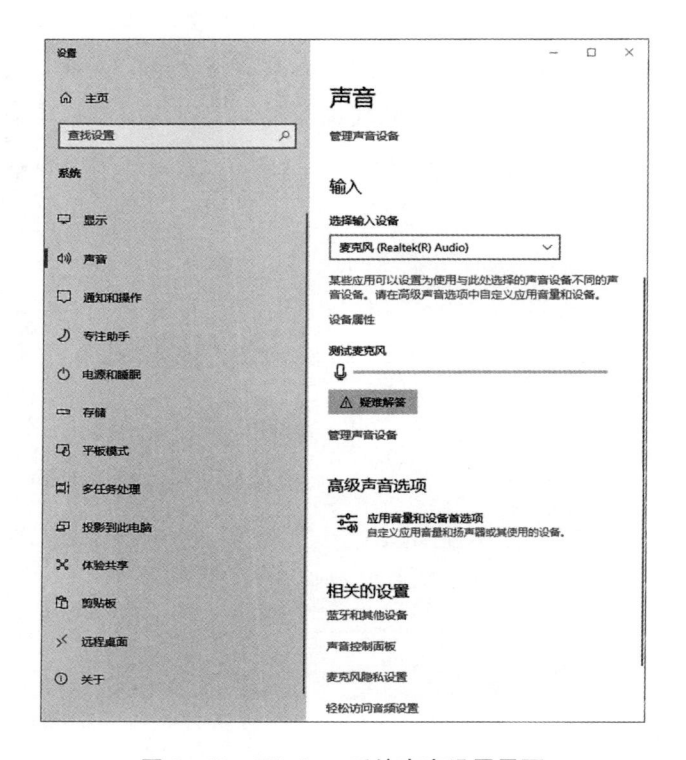

图 6-10　Windows 系统声音设置界面

后，选择"录制（Recording）"选项卡以更改麦克风的设置。鼠标点击设备列表中正在使用的麦克风设备，然后鼠标点击窗口右下角的"属性（Properties）"按钮进入该麦克风的属性设置窗口。

在打开的麦克风属性设置窗口上（见图 6-12），选择"级别（Levels）"选项卡以打开麦克风增强的设置选项。在"麦克风加强（Microphone Boost）"处还可以略微调高麦克风增强的级别至 +20.0dB，设置完成后，麦克风的灵敏度将会提高。

配置完成后，此时电脑应该可以使用内置或外置的耳机麦克风播放声音与录音，这为后续的语音通话打下了基础，接下来介绍 PC 电脑上 Zoiper 桌面客户端的安装与配置步骤。

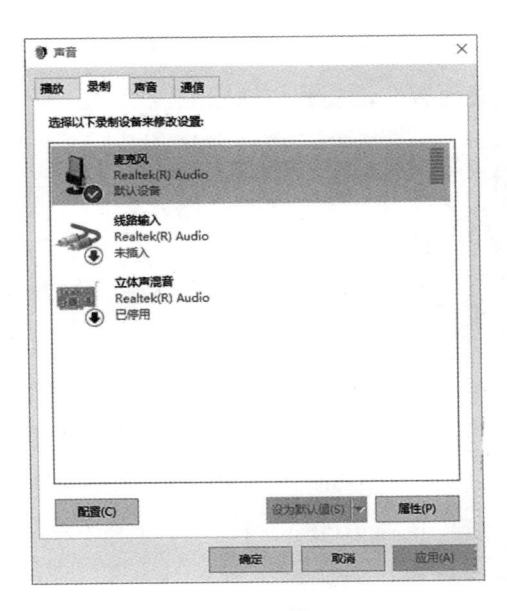

图 6–11　Windows 声音控制面板中 Recording 选项卡

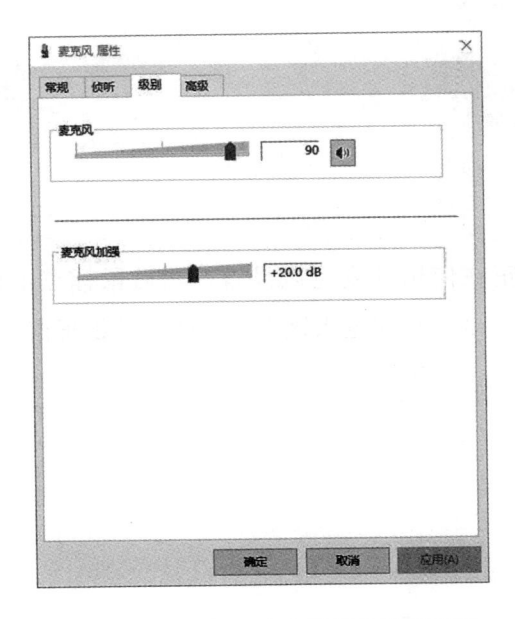

图 6–12　Windows 麦克风属性设置窗口

二　Zoiper 桌面客户端安装与初始配置

正式安装 Zoiper 客户端之前，可以访问 Zoiper 官网的产品下载页面①，打开后选择客户端的安装平台，然后点击对应的 Download 下载按钮，接着网站会弹出页面让选择下载哪个版本，选择最左边的 Free 版本下方的 Download 按钮，稍等数分钟至 Zoiper 客户端安装文件下载完毕。如果不方便在官网下载，可以访问本书的配套资源（链接：https：//icloud.qd.sdu.edu.cn：7777/link/23E3F197A4602B71B2A572D0262F544B，访问密码：GPjB），打开后找到 Zoiper_3.9_Setup.exe 安装文件并下载（见图6-13）。

图6-13　Zoiper 下载版本选择

---

① 最新版本的 Zoiper 经测试在 Windows 10 上不能直接支持在网页上点击号码自动拨号，测试可用的版本是 Zoiper 3.9，因此在 Zoiper 官网下载时，不要直接下载最新版本的 Zoiper，而是选择 classic versions，然后再选择 Windows 系统的 Zoiper 3 下载。点击使用本书提供的链接会直接下载 Zoiper 3.9 版本的安装程序。

下载完成后，鼠标双击 Zoiper 3.9 的安装文件即可开始安装流程，安装过程中一般不用改动默认选项，鼠标一直点击下一步，最后等待安装程序完成安装。

安装结束后，鼠标点击 Finish 按钮会自动启动 Zoiper 客户端。首次启动时，系统可能会弹出防火墙安全提醒（见图 6-14），为了 Zoiper 能正常地与语音服务器通信，可以将专用网络与公用网络都勾选上，选择完毕后鼠标点击"允许访问"按钮允许 Zoiper 通过 Windows 系统的防火墙。

图 6-14　Zoiper 首次启动时防火墙安全提醒页面

在 Zoiper 客户端的主界面上（见图 6-15），第一行是菜单栏，第二行的输入框既可以用来搜索通讯录，也可以直接用键盘输入电话号码，然后敲回车键或鼠标点击右边的 CALL 按钮拨出号码，第三行包含 Contacts（通讯录）、History（通话记录）、Dialpad（拨号面板）

以及 Calls（通话）这几个标签。在使用 Zoiper 客户端个别拨打号码时（通常用于测试），推荐在号码输入框用键盘输入号码，然后敲回车键直接呼出。使用 Zoiper 客户端进行批量呼叫时，最好使用本书后面介绍的网页点击号码自动拨号的功能，以降低访员的工作强度，同时也可以避免手工拨号产生的错误。

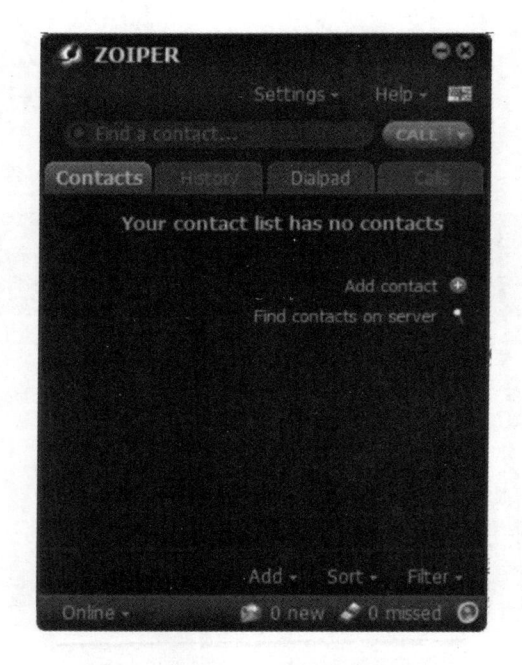

图 6-15　Zoiper 启动后主界面

在配置语音通话的账号密码之前，为了确保耳机与麦克风设备正常工作，不影响后续的语音通话，建议先配置好 Zoiper 客户端的耳机与麦克风。首先戴上耳机麦克风，然后鼠标点击菜单栏上的 Settings，选择 Audio wizard，Zoiper 将会打开音频配置向导，跟随向导设置并检查耳机与麦克风。

在音频配置向导界面（见图 6-16），鼠标点击"Start the test（开始测试）"按钮让 Zoiper 开始对耳机进行测试。

第六章 访员终端设置 / 121

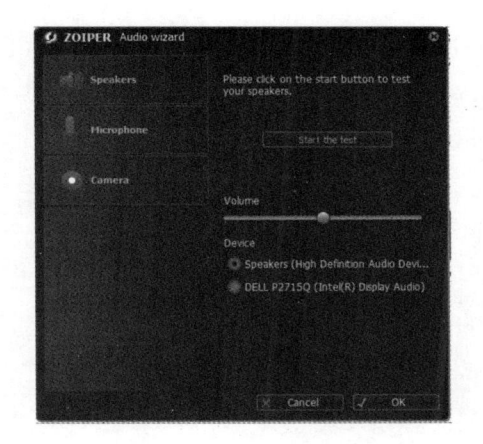

图 6-16 Zoiper 音频配置向导界面

此时 Zoiper 会播放类似于来电提示的铃声，如果感觉声音较小，可以适当调节音量大小。如果没有听到声音，可以对照上一节的介绍检查耳机麦克风是否正确地插入电脑的音频插孔上，如果电脑有多个声音输出设备，可以试着在下方选择另一个设备。如果能听到合适音量的提示音，说明耳机配置正确，可以鼠标点击"Do you hear the sound？（你是否听到了声音？）"文字下方的 Yes 按钮确认（见图 6-17）。

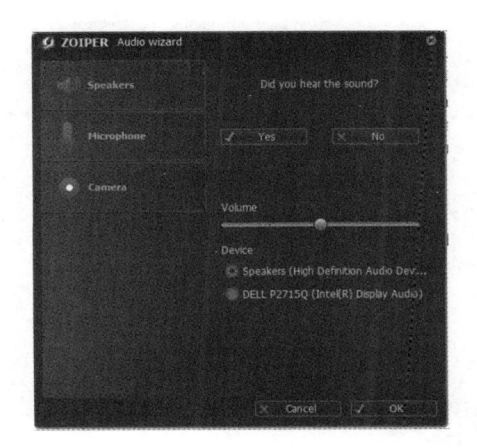

图 6-17 Zoiper 耳机测试界面

页面上显示耳机测试通过且工作正常，下一步开始配置麦克风，鼠标点击"Test your microphone（测试麦克风）"进入下一步的麦克风测试环节（见图 6-18）。

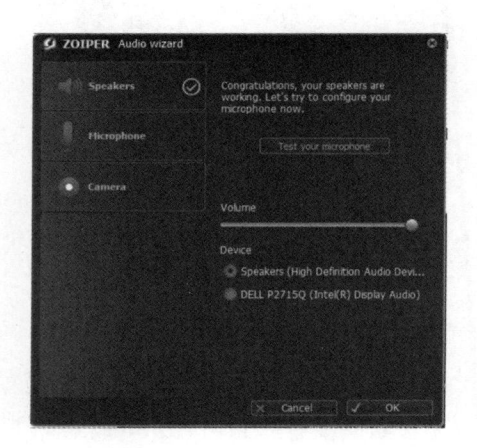

图 6-18　Zoiper 麦克风测试界面一

在麦克风测试界面，鼠标点击"Start the test（开始测试）"按钮让 Zoiper 发起对麦克风设备的测试（见图 6-19）。

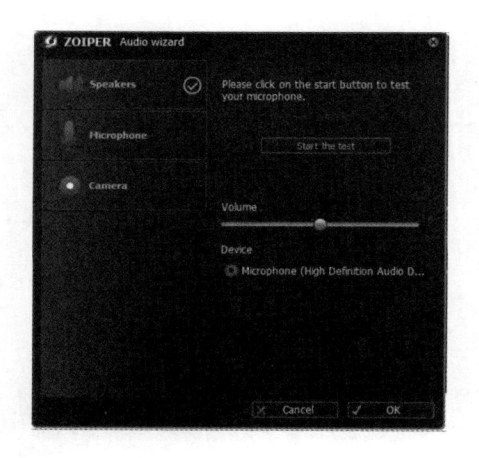

图 6-19　Zoiper 麦克风测试界面二

此时可以对着麦克风随便读几句话，测试语音指示条是否随音量变化而变化，如果电脑有一个以上的麦克风设备，可以在下方的设备选择下拉菜单里，选择当前使用的麦克风作为录音设备。如果感觉语音指示条幅度过小或过大，可以适当调节音量大小。测试完毕后，鼠标点击"Speak on the microphone and check if the volume meter moves（对着麦克风说话并检查音量指示条是否变化）"文字下方的 Yes 按钮确认（见图 6 – 20）。

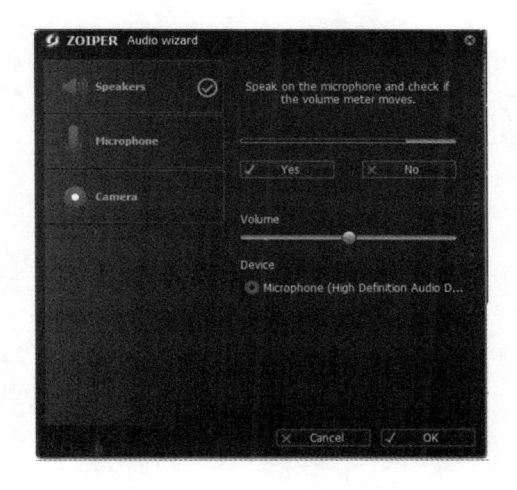

图 6 – 20　Zoiper 麦克风测试界面三

此时会进入摄像头测试界面，由于访员终端仅用于语音通话，不需要摄像头的功能，因此这一步可以跳过，鼠标点击 OK 按钮完成耳机与麦克风的检测与配置工作（见图 6 – 21）。

耳机与麦克风正确配置后，便可以开始添加用于语音通话的分机账号与密码。鼠标点击菜单栏上的 Settings，选择 Create a new account，Zoiper 会打开账号添加向导（见图 6 – 22）。

由于上一章创建的 FreePBX 分机都是 SIP 协议的，因此这儿的 Account type 选择 SIP，然后鼠标点击 Next 按钮进入下一步的登录信息设置窗口（见图 6 – 23）。这一步主要输入 SIP 账号的用户名、密码

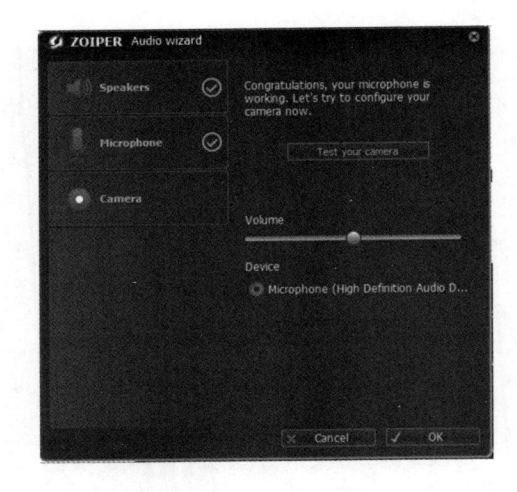

图 6-21　Zoiper 摄像头测试界面

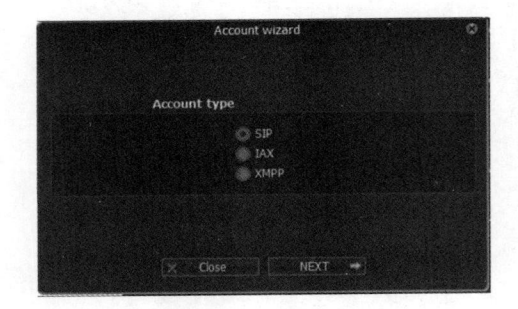

图 6-22　Zoiper 账号添加向导

以及服务器 IP 地址与端口等信息。首先在 user／user@ host 一栏填写用户名，格式为"分机号码@服务器 IP 地址：端口号"，如 5311@192.168.11.101：5060（所有标点符号均使用英文半角字符），Password 一栏填写该分机对应的密码[①]，Domain／Outbound proxy 一栏可

---

① 关于 FreePBX 分机的创建及如何获取已创建分机的用户名与密码，可以回顾前述分机设置一节中的步骤介绍。

以留空不填①。仔细检查无误后鼠标点击 Next 按钮。

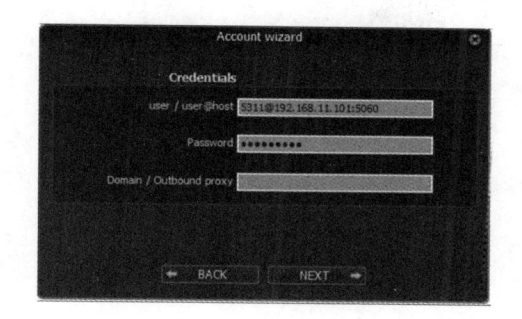

图 6 – 23　Zoiper 账号添加向导中登录信息设置

下一步设置账户名称，如果没有特殊要求，使用向导默认提供的即可。如果打算在 Zoiper 上添加多个账号，或者希望账号名称看起来更易读，也可以改成 5311@JNTele 等名称，以便更直观地地分辨不同的账号（见图 6 – 24）。设置好了以后鼠标点击 NEXT 按钮。

图 6 – 24　Zoiper 账号添加向导中账户名称设置

此时，Zoiper 会根据刚才输入的账号、密码、服务器 IP 地址等信息，自动检测能否在目标服务器上注册，耐心等待其检测并配置完毕（见图 6 – 25）。

---

①　由于访员终端将直接连接位于同一局域网内的 FreePBX 服务器，因此"Domain / Outbound proxy"这一栏可以留空不填。

图 6-25 Zoiper 检测并配置账号

如果一切正常的话，Zoiper 检测通过后会将刚才输入的账号添加到账号列表中，此时鼠标点击 Close 按钮完成账号的添加与登录工作（见图 6-26）。

图 6-26 Zoiper 账号添加成功页面

账号添加结束后，Zoiper 客户端会返回主界面，刚才添加的 SIP 分机账号应该已经顺利注册到 FreePBX 呼叫服务器上了。此时，Windows 桌面任务栏最右下角的 Zoiper 程序图标，相应地也会由红色断开状态变为绿色连通状态。

由于当前安装使用的是 Zoiper 3.9 版本，因此在使用过程中，Zoiper 客户端可能会不时地检测是否存在新版本，如有新版本会提醒更新。为了避免 Zoiper 客户端探测到新版本后访员误点了升级按钮导致自动拨号功能不可用，最好关闭 Zoiper 的自动检测新版本功能。鼠标点击菜单栏上的 Settings，选择 Preferences，Zoiper 会打开客户端设置界面，在该界面上鼠标点击 Automation 选项卡，然后找到 Check for updates 选项并取消勾选，最后点击 OK 按钮返回主界面（见图 6-27）。

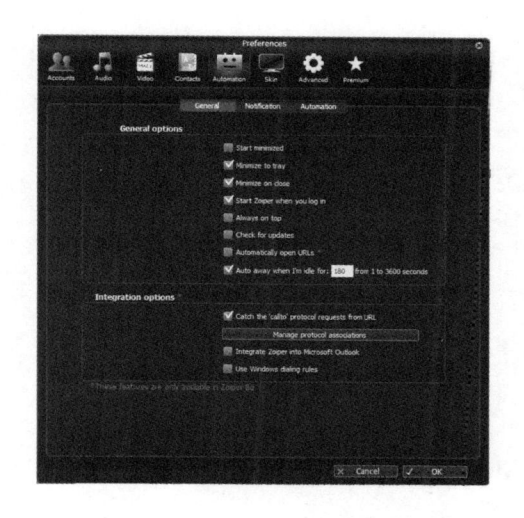

图 6-27　禁止 Zoiper 自动检测新版本的选项

至此，Zoiper 桌面客户端的安装与配置工作全部结束，接下来将利用刚才创建的测试号码列表，测试一下访员终端能否正常通话与使用。

三　桌面访员终端测试

访员终端的测试工作主要包括两个：一个是测试 Zoiper 客户端能否正常地拨打内线与外线电话，另一个是测试在浏览器上点击号码能否自动调用 Zoiper 客户端拨打。根据前面"制作测试号码列表"这一节的内容制作好的测试号码列表文件可以同时完成以上两步测试。

FreePBX 系统支持拨打特性码实现相应的呼叫功能，如拨打 *65 可以让 FreePBX 系统播报当前使用分机的号码，拨打 *43 可以自动进行内线通话测试。借助这些特性码，可以先测试内线通话功能是否正常。首先戴好耳机与麦克风，使用 Microsoft Edge 浏览器打开刚才创建的"测试号码列表.html"这个文件，然后鼠标点击第一行的 *65 电话号码，稍等片刻，浏览器应该会自动调用 Zoiper 客户端拨打 *65 这个号码。拨号界面如图 6-28 所示。

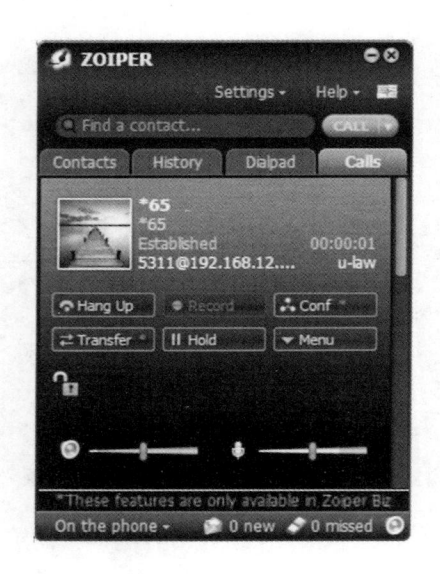

图 6-28　Zoiper 桌面客户端拨打 *65 播报当前分机号码

接通后，系统将自动播报当前使用的分机的号码，耳机里应该可以听到类似"Your extension number is ××××"的提示音。接下来再测试内线通话是否正常。

鼠标点击第二行的 *43 电话号码，稍等片刻，浏览器会自动调用 Zoiper 客户端拨打 *43 这个号码（见图 6-29）。接通后将会听到一长串的提示音，介绍测试的流程与目的，语音提示结束后，可以对着麦克风用各种大小的音量说话，正常情况下，在耳机里应该可以听到 FreePBX 系统回传的声音，说明客户端能正常地进行内线通话。测试完成后可以直接挂断电话结束测试。

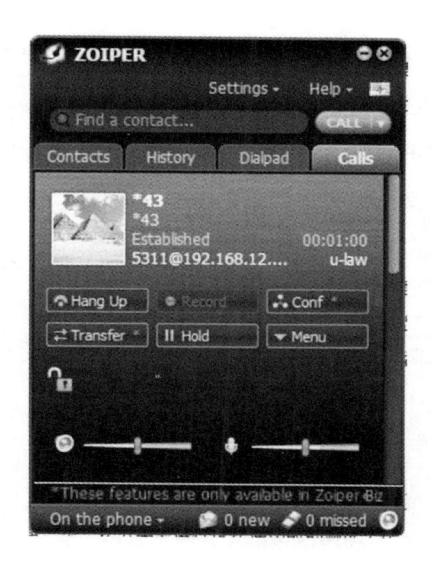

图 6-29　Zoiper 桌面客户端拨打 *43 进行通话测试

以上两步测试完成后，如不放心，还可以在 Zoiper 桌面客户端菜单栏下方的号码输入框里，输入另一台已经配置完毕的内部分机的号码，然后敲回车键或鼠标点击右边的 CALL 按钮①，当前分机将会拨打另一台分机，接通后双方可以进行通话测试。

内部通话测试完毕后，接下来进入外线呼叫测试环节。与上面的步骤一样，分别点击第三行与第四行的外线电话号码，让浏览器调用 Zoiper 客户端进行呼叫，如果号码填写正确②，对方应该能接到从 FreePBX 呼叫系统呼出的电话，接听后双方可以进行通话测试。同时在浏览器上鼠标点击对应的问卷网址，使浏览器打开测试用的电子问卷。此外，还可以在 Zoiper 客户端直接输入电话号码进行外呼测试，

---

①　为了提高效率，建议在 PC 电脑上优先使用键盘输入电话号码，然后敲回车键送出号码。

②　有时候，运营商对本地或外地号码有不同的拨号格式要求（如外地号码或不同的运营商的号码前需要加拨 0），当拨打外线号码后线路提示"外地号码加拨 0"，应重新编辑测试号码列表，或者直接在 Zoiper 客户端里输入正确格式的号码进行外呼测试。

如分别测试中国移动、中国联通、中国电信、本地或外地等各种类别的电话号码。为了测试线路的稳定性，建议电话接通后，至少保持五分钟，观察是否存在系统突然挂断或一方没有声音的现象发生。

如以上测试均获通过，则 PC 电脑上访员终端的安装与配置工作正式结束。接下来再简单介绍一下移动设备上的访员终端的安装与配置过程。

第三节　访员终端（移动设备）

与安装在 PC 电脑上的访员终端类似，移动设备上的访员终端是指在安卓、iOS 等智能手机或平板电脑上安装 Zoiper 应用程序，通过 Zoiper 接入并注册至 FreePBX 呼叫系统实现电话的呼入呼出功能，同时使用移动设备的浏览器打开电子问卷填答页面，从而实现计算机辅助电话调查的功能。本节以 Zoiper 应用在安卓手机上的安装与配置为例①，介绍智能移动设备上访员终端的配置。

由于智能移动设备专为语音通话而设计，因此相比 PC 电脑，基本免去了耳机与麦克风的配置工作。通过移动访员终端，既可以使用手机机身的听筒与麦克风进行语音通话，也可以插上手机自带或另行购买的耳机与麦克风进行通话，总之，只要手机能够正常地拨打电话，就可以被用来通过 Zoiper 客户端进行语音呼叫。

一　Zoiper 手机客户端安装与初始配置

在安卓手机上，首选通过手机品牌自带的应用商店安装 Zoiper 最新的客户端，或者从 Google Play Store 搜索并安装。如果手机自带的应用商店没有收录该 APP，可以访问应用汇（http：//www.appchina.com）搜索 Zoiper 并根据页面的介绍下载安装，也可以使用本书

---

① 本书的介绍基于安卓 7.0 中文版，理论上适用于其他安卓版本。如果遇到 Zoiper 应用无法在低版本的安卓系统上安装，可以尝试下载安装旧版的 Zoiper 应用。

已经下载好的 Zoiper_ 2.4.20.apk 文件（链接：https://icloud.qd.sdu.edu.cn：7777/link/23E3F197A4 602B71B2A572D0262F544B，访问密码：GPjB），打开后找到 Zoiper_ 2.4.20.apk 这个文件并下载。

安装结束后，在手机上启动 Zoiper 客户端。首次启动后的界面如图 6-30 所示，由于 Zoiper 尚未配置账号，此时手机或平板电脑最上方通知栏里的 Zoiper 图标为未注册状态（圆框加一个叉号）。接下来根据 APP 的向导步骤，完成 Zoiper 的账号添加与初始设置等工作。

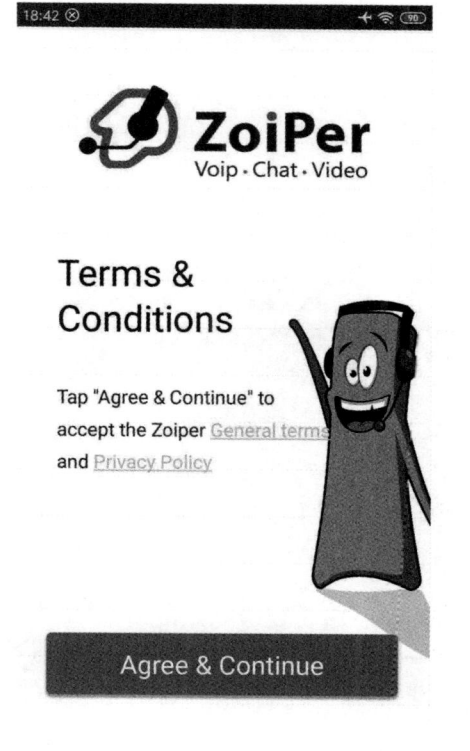

图 6-30 Zoiper 安卓客户端首次启动界面

点击 Agree & Continue 按钮同意 APP 的使用协议进入下一步。

随后 APP 会提示创建一个账号，这些配置工作与 PC 电脑上 Zoiper 客户端上添加账号的操作大同小异。首先在 Username @ PBX/VOIP

132 / 人文社科研究数据采集教程：低成本开展 CATI 电话调查

provider 下方的输入框里输入分机号以及 FreePBX 服务器的 IP 地址，格式为"分机号码@服务器 IP 地址：端口号"，如 5311@192.168.11.101：5060（所有标点符号均使用英文半角字符），Password 一栏填写该分机对应的密码（见图 6-31）。仔细检查确认无误后点击 Create an account 按钮继续。

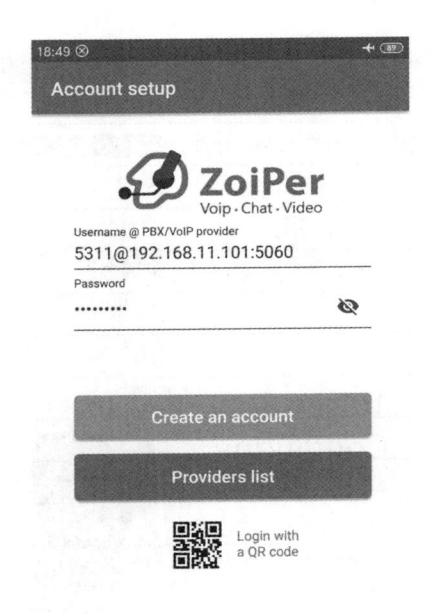

图 6-31 Zoiper 安卓客户端账号添加界面

接下来，Zoiper APP 会提示再次确认 FreePBX 呼叫服务器的信息，如果上一步输入正确，此处应该显示刚才输入的 FreePBX 服务器 IP 地址与端口号码，检查无误后点击 Next 按钮继续（见图 6-32）。

由于自建的 FreePBX 呼叫服务器不在 Zoiper 客户端内置的 VOIP 服务提供商列表里，因此点击 Next 按钮后，Zoiper 客户端会提示刚才输入的服务器地址信息可能有误，建议重新检查（见图 6-33）。忽略这个提示，点击"Use anyway（继续使用）"按钮进入下一步。

接着 Zoiper 客户端会提示输入额外的登录认证信息或外呼代理服

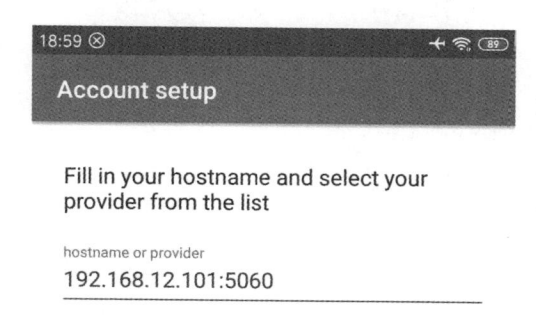

图 6 – 32　Zoiper 安卓客户端添加账号时 FreePBX 服务器信息设置界面

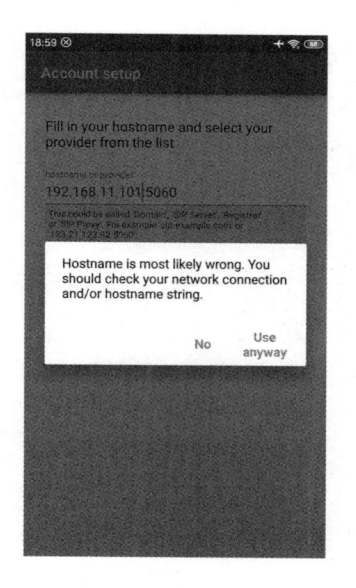

图 6 – 33　Zoiper 安卓客户端添加账号时服务器信息可能错误提示界面

务器的信息（见图 6 – 34），由于所有系统与设备都位于同一局域网内，此处留空不用填写，直接点击 Skip 按钮继续。

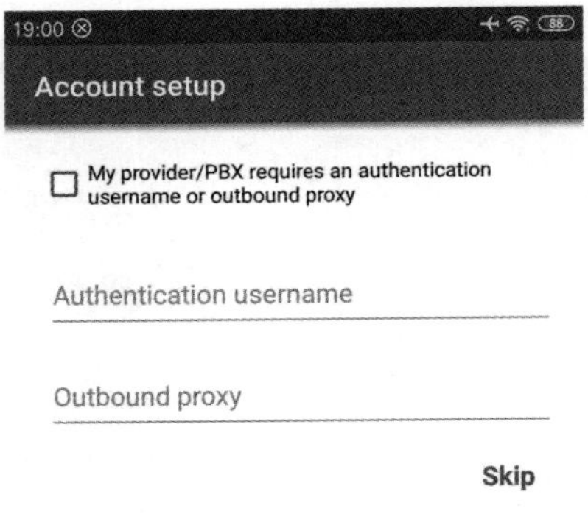

图 6-34　Zoiper 安卓客户端添加账号时代理服务器信息设置界面

在这一步，Zoiper 会根据刚才输入的账号、密码、服务器 IP 地址等信息，自动检测目标服务器上所提供的服务状态，耐心等待其检测完毕。如果检测正常，应该会在 SIP UDP 右边显示 Found，其余的三个服务状态应显示为 Not found。此时选择 SIP UDP 后，点击 Finish 按钮（见图 6-35）。

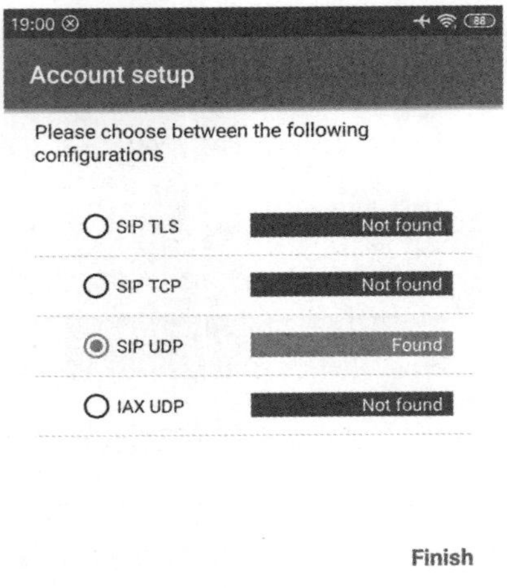

图 6-35　Zoiper 安卓客户端添加账号时服务器状态检测界面

账号添加结束后将会自动进入 Zoiper 客户端的主界面（见图 6 - 36），在首次进入主界面之前，客户端可能会弹出"Do Not Disturb Access（勿扰模式）"设置以及忽略电池优化两个提示（见图 6 - 37）。为了防止手机 GSM 通话影响 Zoiper 的语音通话，建议在"Do Not Disturb Access（勿扰模式）"设置提示框上点击 OK 按钮。另外，由于智能手机可能会不定时地扫描并关闭不活动的后台应用以节省电量消耗，因此为了保证 Zoiper 能够正常地在后台呼叫并接听电话，建议允许其在后台保持连接，虽然这样做可能会稍微增加一些电量消耗①。在"忽略电池优化"的提示框上点击"是"按钮，确认让 Zoiper 在后台保持连接。

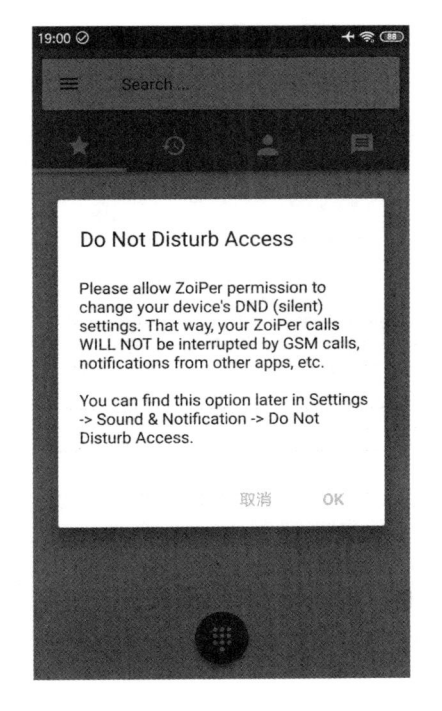

图 6 - 36　Zoiper 安卓客户端"Do Not Disturb Access（勿扰模式）"设置提示

---

① 根据实际使用情况，Zoiper 安卓客户端的后台额外消耗的电量基本可以忽略不计，因此正常情况下，无须特别担心 Zoiper 安装后大幅降低待机时间。

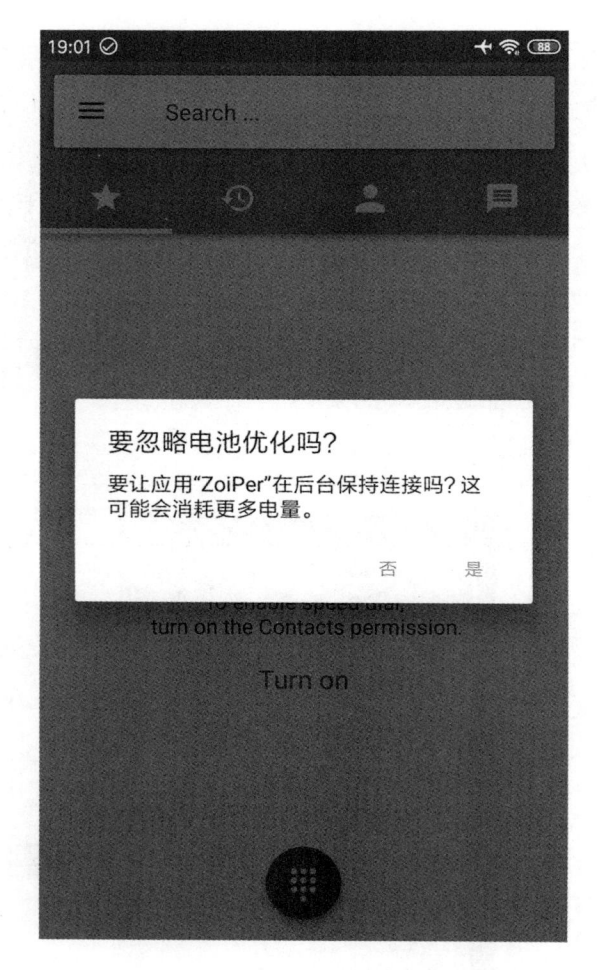

图 6-37 Zoiper 安卓客户端"忽略电池优化"提示

进入 Zoiper 主界面后,此时手机或平板的通知栏应该显示注册成功的图标(圆框加一个对勾符号)。点击 Zoiper 应用里左上角的菜单键(三条横线状的图标),弹出应用菜单,菜单中第一行显示已经添加的账号及其登录状态,其余各行是相关的菜单项(见图 6-38)。

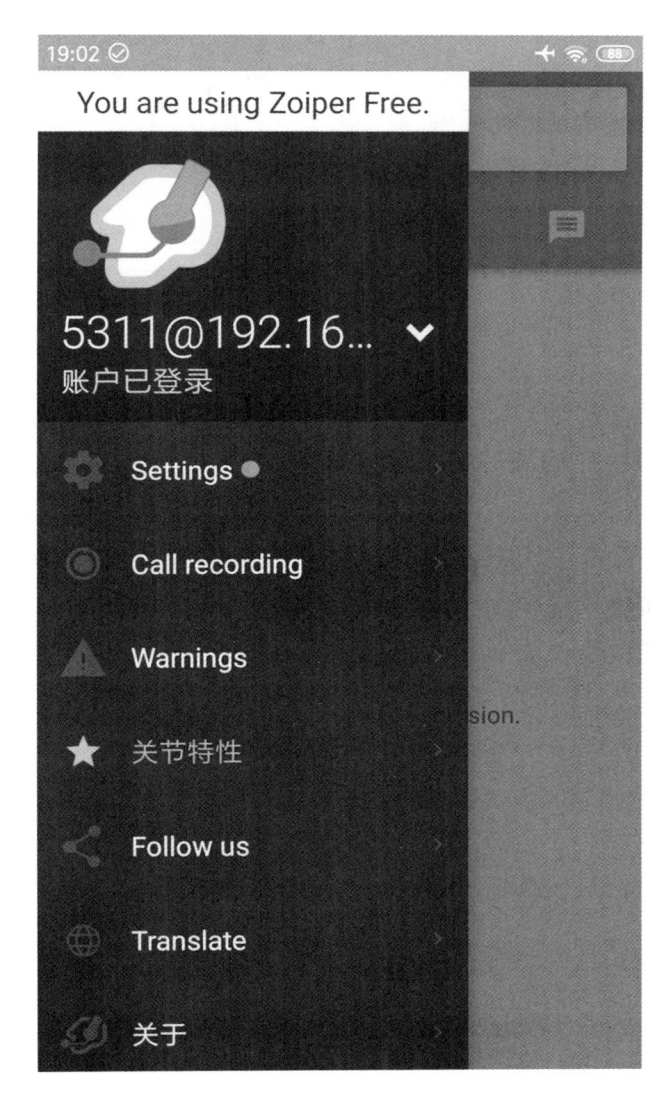

图 6 – 38　Zoiper 安卓客户端菜单

在正式使用 Zoiper 客户端之前，可以先微调一下相关设置。点击应用菜单中的 "Settings" 项，弹出如图 6 – 39 所示的应用设置界面。

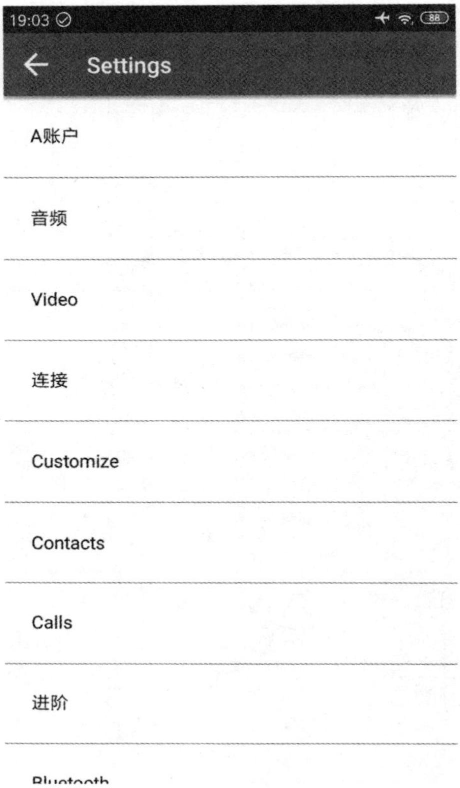

图 6-39 Zoiper 安卓客户端应用设置界面

在应用设置界面中点击"音频"进入相关的设置界面。此处可以根据自身情况修改拨号盘震动与拨号音的设置,"呼叫"项下的相关设置(取消回音、自动增益控制、Incoming Call Vibration)除非有特别确定的缘由,否则不建议取消勾选,此处设置后的情况如图 6-40 所示。

图 6 – 40　Zoiper 安卓客户端音频设置界面

后期在测试或使用过程中，如果发觉听筒音量过小或过大，可以试着调整听筒的增益级别。点击"Speaker Gain（听筒增益）"，在弹出的设置界面中（见图 6 – 41），往左移动浮标降低听筒增益（如感觉听筒音量过大），往右移动浮标增强听筒增益（如感觉听筒音量过小），多次尝试直到调整到满意的音量大小为止。

图 6-41　Zoiper 安卓客户端听筒增益设置界面

为了使手机开机后自动启动 Zoiper 客户端以方便访员使用，还可以再检查一下自动启动相关的设置。以上音频相关的设置调整完毕后，返回应用设置界面，然后点击"进阶"进入 Zoiper 应用的进阶设置界面。首先确认"启动安卓时同时启动"这一选项为勾选状态，使得手机启动后会自动启动 Zoiper 应用（见图 6-42）。另外可以酌情将"Send Google Analytics"这一选项取消勾选。

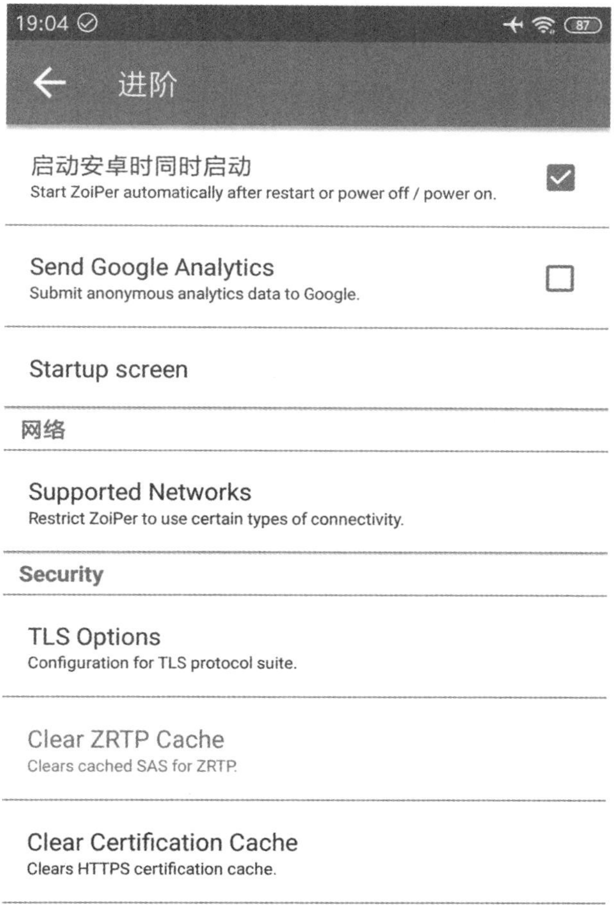

图 6－42　Zoiper 安卓客户端进阶设置界面

相关设置完毕后，返回 Zoiper 客户端的主界面。接下来利用刚才创建的测试号码列表，测试一下访员终端能否正常通话与使用。

二 移动访员终端测试

移动访员终端的测试步骤与前文的桌面访员终端测试内容中的步骤大同小异。首先将"测试号码列表.html"这个文件拷贝到手机上并使用手机浏览器打开①，打开后依次点击"*65"与"*43"这两个号码，分别测试 Zoiper 客户端的内线呼叫是否正常。测试通过后，再依次点击另外两个外线号码，测试 Zoiper 客户端的外线呼叫是否正常，同时点击电子问卷链接，在测试通话的过程中同步填答问卷。

如以上内线与外线呼叫测试均通过，还可以在 Zoiper 客户端直接输入电话号码进行外呼测试，分别测试各个运营商、本地或外地等各种类别的电话号码。同样，为了测试线路的稳定性，建议电话接通后，至少保持五分钟，观察是否存在系统突然挂断或一方没有声音的现象。

以上测试全部通过后，移动设备上访员终端的安装与配置工作正式结束，这意味着自主搭建的电话调查系统的各个模块均配置正确且测试通过，接下来就可以进入正式的电话调查实施环节了。

---

① 为了保证浏览器的兼容性与操作稳定性，应使用手机浏览器打开测试号码列表文件，避免在微信、QQ 等应用里直接打开测试号码列表文件。

第七章　电话调查项目实施

电话调查系统部署完毕后，就可以依托其开展电话调查了。从大的方面来讲，电话调查的实施主要包含三大项工作，分别是抽样、调查与质量控制。结合电话调查的一般理论与山东大学城市发展与公共政策研究所历年的调查实践，本章将简要地介绍电话调查的实施以及各环节需要重点关注的方面。

与大型调查公司的系统架构相比，小型电话调查虽然省略合并了多个子系统，但是一旦电话调查系统部署完毕，在调查实施上却是"麻雀虽小，五脏俱全"。通常来说，一次完整的电话调查，通常包含如下四个阶段：准备阶段、预调查阶段、正式调查阶段、收尾阶段，每个阶段又可以进一步细化为相关的工作步骤（见图7-1）。

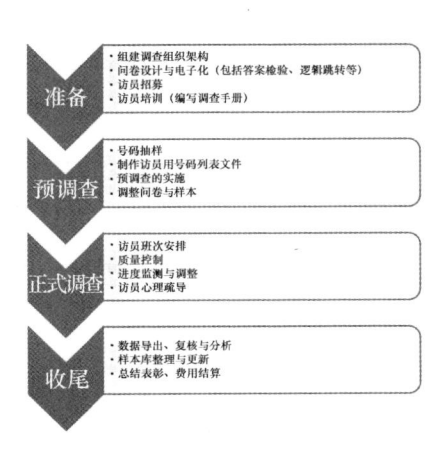

准备
- 组建调查组织架构
- 问卷设计与电子化（包括答案检验、逻辑跳转等）
- 访员招募
- 访员培训（编写调查手册）

预调查
- 号码抽样
- 制作访员用号码列表文件
- 预调查的实施
- 调整问卷与样本

正式调查
- 访员班次安排
- 质量控制
- 进度监测与调整
- 访员心理疏导

收尾
- 数据导出、复核与分析
- 样本库整理与更新
- 总结表彰、费用结算

图7-1　电话调查主要流程

相比传统的入户调查，电话调查融合了计算机技术与网络通信技术，因此其在调查规划与实施上存在一些差异。不过得益于IP-PBX技术的不断发展，小型电话调查对专有硬件设备的依赖不断减弱，这一变化降低了电话调查对技术以及技术人员的依赖，使得团队成员可以将工作重心放在问卷的设计、调查组织、质量控制与访员管理等工作上。

在整个调查过程中，依据时间顺序，比较重要的工作主要包括：①建立调查项目的组织架构，确定团队成员的职责与分工；②问卷设计与电子化；③访员的招募、编写调查手册、培训访员；④确定调查项目的抽样方案并根据方案进行号码抽样；⑤根据所抽取的号码样本制作供访员使用的号码列表文件，以实现自动拨号与问卷填答；⑥预调查的实施与总结；⑦调查过程中的访员管理；⑧调查过程中的质量控制；⑨调查收尾阶段的样本库整理与更新。本章将结合山东大学城市发展与公共政策研究中心历年的调查实践，依次介绍这几项工作，作为相关团队开展电话调查工作的参考。

第一节　调查组织架构

电话调查的顺利实施，离不开健全的组织架构与人员保障。一般来说，电话调查项目的团队成员包括：调查项目总负责人以及综合后勤组、问卷组、督导（质量控制）组、技术组。各组成员可以根据个人专长承担相应的工作，条件允许的情况下最好各司其职，不过对于小型调查团队来说，由于电话调查的大部分工作都是阶段性的，因此如果团队成员数量较少也完全可以一人"身兼数职"。

第一，项目总负责人。

项目总负责人主要负责调查的立项与规划，团队成员的配置与分工，调查的准备与实施，调查的收尾与数据分析，以及报告撰写等工作的任务分配与协调。在调查项目正式启动前，项目总负责人的一大工作是确定调查的组织架构，如果初期团队人员有限，应优先确定综合后勤组与问卷组，以便尽快启动调查的准备工作，其余各组人员留待后续工作中动态调整。一般来说，调查项目的总负责人既可以是团队负责人，也可以是具体负责调查任务的专任教师或高年级学生。

第二，综合后勤组。

综合后勤组是调查项目的中枢组织，其主要职责是在项目总负责人的指导下，制订调查方案与各阶段的工作计划，规划安排调查场所，购置各类物资设备，招募访员，同时做好调查实施过程中的各类后勤保障工作。在后续调查实施的各个阶段，综合后勤组需要协调各小组，处理调查过程中出现的各种问题，保障调查能够按照计划顺利推进。

第三，问卷组。

问卷组的主要职责包括问卷的设计与修改完善，问卷电子化，号码抽样与样本调整等工作，因此问卷组成员必须熟悉 LimeSurvey 问卷系统的常用操作，熟悉号码抽样的基本原理与技术，在号码抽样与制作访员用号码列表文件等工作中与技术组成员紧密合作。另外，由于问卷组最熟悉调查问卷的内容、结构与问卷系统的操作，因此在访员培训工作中也是主要的参与者之一。

第四，督导组。

督导组的工作成效与调查质量息息相关，其主要工作包括调查实施过程中的访员管理与心理疏导，调查进度监测，以及质量控制等工作。在正式调查过程中，督导组要根据调查进度与访员工作状态，动态地调整访员班次安排。随着调查的推进，督导组应动态监测样本的消耗进度，视情况通知问卷组新增或调整样本。为了保证调查质量，督导组还应定期与不定期地监听并抽检通话录音，及时纠正影响调查质量的行为。

第五，技术组。

电话调查系统包含若干个相互关联的子系统，因此最好选择对计算机软硬件具有一定的了解，熟悉调查系统架构的成员负责技术维护工作。技术组的主要职责包括维护调查系统，监控语音专线线路，调试配置相关设备，培训督导组成员与访员熟悉调查系统的操作，同时处理调查过程中可能出现的其他软硬件问题。

第二节　问卷设计与电子化

调查问卷是指为了实现某个调查目的，按照一定的理论假设所设计出来的，用以向被调查者收集资料的一种工具。调查问卷通常包含一系列问题、答案与说明。根据问卷的填答方式，可以分为自填式问卷与代填式问卷；根据问卷的发放方式，可以分为邮寄式问卷、面访式问卷、电访式问卷以及在线式问卷。

在设计调查问卷时，除了必须遵循通用的问卷设计原则与要求，考虑到电话调查的特点，还需要额外注意以下几点。

第一，充分考虑被调查对象的性别、年龄、文化水平、语言能力等特征。

受场地的限制，电话调查无法获取被访者的身体与姿态语言，而且时间限制比较严格，因此在问卷设计上必须更加富有针对性。在问题的选择上，要提前考虑到不同性别、不同年龄、不同文化水平、不同语言能力等人群的接受程度。如面向老年人或文化水平较低的被调查对象时，问卷的语言应尽量通俗易懂；而对于文化水平较高的被调查对象，问卷中可以包含稍微专业化的表达方式。另外，由于电话调查主要通过电话进行沟通，因此问题的说明除了表意精准无歧义，还应该尽可能方便访员阅读。

第二，仔细斟酌问卷的问候语。

电话调查时访员与被访者是通过电话沟通的，双方只能通过语言进行交流，被访者无法感知到访员的面貌表情与体态，再加上人们对陌生电话号码容易有较强的戒备心理，因此需要仔细斟酌设计问卷的问候语，努力给被访者留下良好的第一印象，降低拒访率。

（1）问候语应简明扼要，电话接通后就应该开门见山地介绍本调查的发起单位与调查目的。

（2）问候语应通俗易懂，一般不使用过于正式或书面化的语言，避免使用过于专业化的词汇，便于被访者理解。

（3）在简要地介绍完调查的基本信息后，应以商量的口吻，询问被访者是否有时间并愿意参与本次调查。

（4）基于历年的电话调查实践，最好不要在问候语中使用"调查"字样，一方面"调查"两字听起来比较正式，另一方面被访者对"调查"两字可能或多或少地存在忌讳心理。相应地，推荐使用"研究"或"听取您的意见"等字样，并使被访者知道他们的意见对研究或对改善某项政策的重要性，如此一来，被访者可能会更加配合我们的工作。以下是一段问候语的示例：

> 您好，这里是山东大学（城市发展与公共政策研究所）。我们正在开展一项关于政府服务的研究，想邀请您对各项服务打个分，您的意见对我们的研究非常重要，请问可以耽误您几分钟时间吗？（如被访者表示犹豫：这个研究完全匿名，不会记录您的任何个人隐私信息①）

---

① 一般纸质问卷的问候语里都会加入资料保密或匿名调查的相关表述，理论上在进行电话调查时也应该在问候语中对涉及被访者的隐私信息作出保密承诺。但是历年的调查实践（无论是线下面访还是电话调查）表明，绝大部分被访者并不会过分关注隐私泄露的顾虑，因此在设计电话调查问卷时，考虑到时间限制，默认可以不包括保密承诺的表述，仅当被访者表示犹豫时再补充说明。当然，不管问卷的问候语中是否包含保密承诺，被访者的隐私和个人信息都必须得到最严格的保护，在共享调查数据前，应切实对所收集的数据进行脱敏检查与处理。

第三，合理设计问卷结构。

实践表明，电话调查时访员与被访者之间的信任一般会随着通话的不断进行而逐渐增强，但在通话初期被访者一般会抱有较大的戒备心理，担心个人或家庭隐私被泄露，因此建议避免将较为敏感的问题放在问卷靠前的位置。历年调查中，研究所采取的做法是将个人信息模块放在问卷的最后部分；同时对于所涉及的公共服务类别，先从环境部分入手，再逐渐过渡到公共交通、医疗卫生、教育等其他部分，避免了在调查一开始就询问被访者诸如"您家里是否有孩子正在接受义务教育""当您或您的家人身体不舒服时，您更多的是选择去哪类医院"这类问题，以免引发被访者的戒备心理。

第四，合理设置问题数量。

一般认为电话调查时，通话时间过长较容易引起被访者反感，或者被其他事务插入而中断调查，所以通常建议电话调查时长控制在5—10分钟，问卷的问题数量也大致按照这个标准设置。实际上，历年调查实践发现，只要被访者同意了接受调查，中途挂断电话的概率很低，因此这一标准也并非不可逾越。综合来看，电话调查可接受的问卷问题数量可以在较大的区间内浮动，通话时长为5—15分钟应该不会存在太大的问题，具体问题的数量也可以在后期的预调查阶段结束后视反馈结果进行调整。

第三节　访员招募与培训

准备阶段的最后一项工作是访员的招募与培训。从工作进度上来看，访员招募工作既不要过早也不要过晚开展。如果过早招募访员，由于在实际调查前的等待期太长，很容易因为访员的个人安排变动而影响实际到岗率。如果过晚招募访员，由于在正式上岗前需要对访员进行选拔与培训，仓促启动可能会影响调查项目的进度。

一　访员招募

实际执行时，一般建议在预调查开始前的两周左右发布招募通知，一周为公告报名期，另一周为选拔与培训期。如果调查所需访员数量较多，访员招募工作应适当提前。考虑到学校的教学计划安排，调查项目应尽量避免安排在学期期末考试前后，此时学生们大部分精力放在期末考试的复习与准备工作上而无暇他顾，比较理想的时间段是开学后一个月至学期结束前一个月的这段时间。

访员招募工作中另一个需要考虑的方面是访员数量，为了确定调查项目究竟需要多少名访员，可以根据以下因素综合测量：

（1）调查项目的规模，计划需要完成的问卷总数；

（2）调查项目的期限计划，即计划在多长时间内完成调查；

（3）调查问卷的长度，每位访员大约需要多长时间才能完成一份问卷；

（4）调查的班次安排，包括计划每周与每天各安排多少个班次的调查，每名访员平均每周要参加多少个班次。

通常情况下，假设完成一份问卷需十分钟左右，那么每名访员一小时可以完成两到三份问卷（其余的时间主要花在剔除空号、无法接通、接通后拒访等环节），在此基础上计算出所需的访员数量。考虑到调查过程中会存在访员中途脱岗或无法足额承担工作班次的情况，可以酌情增加一定比率的冗余系数，最终确定实际招募的访员数量。

根据研究所历年的调查经验，在访员招募环节应注意以下几个方面的问题。

第一，提前设计好薪酬结构。

一般来说，访员的薪酬主要由两部分构成：基本工资与业绩绩效。薪酬结构设计时既要考虑到访员的时间与劳动付出，又要激发访员的工作积极性。访员在完成了基本工作量①后就可以拿到基本工资，在此基础上，每完成一份有效的问卷（问卷问题全部完成且督导抽检没有不合格的）再额外给付业绩绩效②。不论访员的薪酬结构如何设计，在招募阶段或筛选录用阶段，都应该向访员告知薪酬构成与计算方法，以便访员形成合理的预期。

第二，充分考虑访员的地域、语言与性别的多样性。

根据被访者所属地域，电话调查可以分为面向省内的调查与面向全国的调查，相应地如果有可能，访员的招募也应考虑到地域来源的多样性。尤其在开展面向全国的调查时，由于各地口音有明显的差异，为了方便沟通，可以尽量安排与被访对象来自同一地域的访员进行调查。

第三，考虑将调查项目作为所在学校社会实践活动的一部分。

学生访员参加调查活动，需要与来自各行各业的被访者沟通，这是一次接触社会、了解社会的良好机会。不少大学对学生都有假期社会实践学时的要求，因此可以与学校相关部门联系，争取将调查项目纳入社会实践工作范围，如此一来，学生访员参加电话调查的工作时长可以转换为社会实践学时。此举既可以为学生提供一个社会实践的机会，又可以为调查项目储备更多的访员队伍。当然，无论调查项目是否纳入了学校社会实践活动的范畴，在调查工作结束后，项目团队最好为完成了调查任务的访员发放实践证明，为表现优秀的访员发放荣誉证书。

第四，访员招募后应签订书面协议。

通过标准筛选后确定录用的访员，最好与他们签订书面的工作协

---

① 基本工作量的计算方式一般为某个周期内完成了一定数量的班次或拨打了一定数量的电话。具体的班次与拨打电话数量标准，应视调查项目与样本的规模而定。考虑到工作的接续性，正常情况下，访员每天应完成至少一个班次的工作任务。

② 业绩绩效的给付标准应综合考虑调查项目预算、问卷长度、问题难度、被调查对象配合度等情况后确定，参考标准从 5 元/份到 20 元/份。需要注意的是应避免过度激励，以防止访员为了拿到高额绩效而草率完成问卷，甚至采取作弊等手段填答问卷，影响调查质量。

议。协议条款主要包括工作时间与工作班次的安排办法，调查期间的工作纪律要求，对调查数据与被访者的隐私保护等方面的内容。虽然这一步不是必需的，但是通过签订书面工作协议这一仪式性的程序，可以提高访员对所从事的调查工作的重要性的认识，有助于增强访员的工作参与度，进而提升整个调查的质量（见表7-1）。

表7-1　　　　　　　　电话调查员招聘简章示例

山东大学城市发展与公共政策研究中心电话调查员招聘简章

　　山东大学城市发展与公共政策研究所于2009年成立，是山东大学聚焦于城市发展和管理的研究机构。为更准确地感知、把握中国基本公共服务居民获得感，对基本公共服务供需现状作出科学、客观的分析、评估，为下一步基本公共服务供给侧改革提供决策参考依据，山东大学城市发展与公共政策研究中心计划开展"中国基本公共服务供给侧改革与获得感提升研究"社会调查。

　　本次调查采用计算机辅助电话调查系统（CATI），以18周岁以上的常住居民（居住满6个月及以上）为调查对象，调查结果用于分析中国基本公共服务居民获得感情况。

　　为顺利开展此次调查，特面向山东大学青岛校区在校生招募兼职电话调查员，具体事项说明如下：

　　一、工作内容

　　1. 参与电话调查培训，熟练掌握电话调查系统的使用及电话调查访谈技术。

　　2. 对抽样地区的指定对象进行拨号与访谈，较高质量地完成电话调查工作。

　　3. 记录调查中出现的特殊情况并反馈给督导。

　　二、工作时间与地点

　　1. 本次调查时间为×××年××月××日至×××年××月××日（截止日期会根据调查进度调整）。

　　2. 周一至周日每天都有班次，每天工作时间以2小时为一个工作班次（每天分为9：00—11：00、11：00—13：00、13：00—15：00、15：00—17：00、17：00—19：00、19：00—21：00六个工作班次，根据实际情况会有所调整）。一般一周要求至少达到7个工作班次，可根据自己的业余时间灵活报班，一旦报班后必须要按报的班次上岗，不能无故旷班，不能迟到早退。

　　3. 工作地点：山东大学青岛校区××教室。

　　三、工作待遇与回报

　　1. 薪资待遇由具有吸引力的基本工资和绩效工资组成。

　　2. 为完成基本工作量的同学颁发调研实践证明；对于调研中表现突出的同学，授予优秀调研员称号并颁发证书。

　　3. 系统地学习电话调查方法与技术。

　　4. 通过电话调查接触了解社会。

　　5. 在调查中提升沟通能力，为未来的就业面试打下良好的基础。

续表

四、招聘要求
1. 招募对象为山东大学青岛校区全日制在校本科生、研究生。
2. 身体健康，心态良好，抗压能力强，善于与人沟通。
3. 工作认真、负责，有耐心，报名后按时上岗，不无故迟到早退。
4. 有较好的表达能力及应变能力。
5. 电话调查工作时要求携带个人笔记本电脑。

五、报名方式
有意报名同学请扫描下方二维码，报名截止日期为××××年××月××日中午××点。

六、其他
本次报名设有咨询与交流QQ群，如有疑问，请加入QQ群：××××××××××。
联系人：×××，电话：×××××××××××

山东大学城市发展与公共政策研究所
××××年××月××日

二　编写调查手册

电话调查手册的内容主要包括对调查项目的介绍，对访员工作职责的描述，对调查系统使用步骤的讲解，对问卷结构与内容的说明，对调查过程中可能会遇到的问题与困难的解释。一本精心编制的调查手册，可以快速让访员了解调查项目、熟悉调查问卷、了解调查系统的操作、学习调查技巧与经验、掌握常见的事项处理流程，也可以方便访员对照手册自学速查。因此，在组织访员培训之前，调查项目组应组织编写调查手册。基于研究所历年的调查实践，调查手册的目录可以按如下模块编写（见表7-2）。

表7-2　　　　　　　　　调查手册主要模块

模块	具体内容
调查项目概况	调查项目简介 本年度调查工作简介 调查对象、样本与抽样情况 调查项目组织与管理

续表

模块	具体内容
访员须知	访员的工作职责 访员的职业道德与基本行为规范 受访者的权利
调查问卷	分模块介绍问卷的结构与内容 重点问题的调查目的与调查要求
调查流程	电话调查基础知识 调查系统与操作步骤 访员的工作流程 调查中各类情况的应对与处理
督导与质量控制	督导的工作职责 督导的工作流程 质量控制*
附录	调查项目团队联系方式 调查技巧 注意事项 常见故障排除 突发事项处理流程

注：*为了防止访员错误操作，督导在开展质量控制活动时所涉及的具体工作，如通话监听、通话录音等具体操作步骤，可以单独对督导进行培训演示，不用编写进调查手册中。

三 访员培训

相关研究表明，在调查开始前，对访员进行多方面和分阶段的培训是十分重要的[1]。集中的访员培训工作一般在访员招募工作完成后预调查开始前进行，其主要内容包括：了解调查项目的背景与目的；了解调查项目的组织管理制度与工作流程；熟悉调查问卷的结构与问题模块，理解问卷中出现的相关名词的含义与范畴；大致了解调查项目的抽样过程[2]；结合实际操作掌握电话调查系统的使用方法；学习提高电话调查成功率的方法与技巧。相关书面协议也可以安排在培训

---

[1] ［美］保罗·J. 拉弗拉卡斯：《电话调查方法：抽样、选择和督导》，沈崇麟译，重庆大学出版社2005年版，第145—145页。

[2] 调查实践中发现，不少被访者会询问调查系统是如何获得了他们的电话号码的，因此应该提前让访员了解他们所拨打的所有电话号码都是通过RDD随机生成或其他方式抽取的，不存在与其他机构合作或从其他渠道收集号码的行为，避免在电话调查过程中引起不必要的误会。

后集中签署发放，提高工作效率。

　　访员培训一般由调查组织与实践经验丰富的团队成员主持，最好既担任过电话调查的访员，又做过电话调查的督导，这样可以较容易地结合自身的心得体会向新招募访员传授调查的方法与技巧。如问卷中有特殊的问题设计，最好能邀请该问题的设计者亲临现场，直接向访员介绍该类问题在问答过程中的注意事项。相关事项讲解完毕后，还应组织访员实际拨打自己亲友的电话，模拟真实的电话调查场景，对照问卷逐一询问并填答。此举既可以现场测试电话呼叫系统的并发处理能力与通话稳定性，还可以让访员对即将开展的调查工作形成较为直观的体会。培训最后应安排问答环节，对访员提出的疑问，调查团队逐一进行解答。

　　访员培训并非调查前召开一次就万事大吉，在后期调查过程中，项目组应根据访员与督导的反馈，汇总整理出调查中所出现的普遍性问题，召集访员开展集中的培训与交流，也可以分小组进行，由各小组组长召集起来进行培训。在调查过程中，还可以不定期地邀请表现优秀的访员介绍经验与心得，或者将他们的示范录音分发给其他访员学习参考。

第四节　号码抽样

　　CATI 电话调查的号码抽样实际上包含两个紧密相连的步骤：创建电话调查项目的样本框，抽取样本。本节将结合研究所历年的调查实践，结合实例介绍号码抽样这一环节的具体操作步骤。其中的样本框生成以及抽取样本的工作均由 Python 编程处理实现，为了操作方便，可以提前安装好 Python 的开发环境[①]。

[①] Python 开发环境有众多选择，此处建议使用 Anaconda。Anaconda 是一个用于科学计算的 Python 发行版，支持 Linux、Mac、Windows 等平台，Anaconda 包含了众多流行的科学计算、数据分析的 Python 包，安装完毕后就可以立即开始使用。可以访问 Anaconda 官网 https://www.anaconda.com/products/individual 下载安装包，也可以访问国内镜像站点 https://mirrors.tuna.tsinghua.edu.cn/anaconda/archive/ 下载，以获得更快的下载速度，下载时注意选择最新日期的版本。

一　建立电话调查项目样本框

在创建电话调查项目的样本框时，一般有两种方式：一是基于现成的电话号码列表生成，二是使用某种规则随机地产生号码列表。采取何种方式创建样本框，主要取决于研究目的与调查项目的基础条件。

假如调查项目是项目委托方委托开展的面向某个特定对象或行业的满意度调查，在这种情况下，项目委托方通常会提供一份完整的调查对象的号码列表，调查团队需要做的是根据项目要求从其中抽取出一定数量的样本即可。除此之外，大部分情况下，调查项目都是面向一般人口总体进行的电话调查，在这种情况下，要么现有的电话号码簿或号码清单会存在代表性问题，要么制作号码清单的成本非常高，因此对一般人口总体进行的电话调查推荐使用RDD抽样法生成调查样本框。

RDD抽样法在我国的实施存在着一个先天的优势——我国所有的移动电话号码都是根据固定的规律来分配编排的，这给创建调查项目的样本框带来了很大的便利。通常来说，我国的移动电话号码长度为11位，可以被分为三段：前三位数字是网络识别号，用来指示号码所属的运营商（如138、139等号段分配给中国移动，130、131等号段分配给中国联通，133、189等号段分配给中国电信）；第四至第七位数字是所属地区编码[①]；最后的四位数字是用户号码（一般为运营商随机分配）。基于这个号码编排规律，可以方便地使用RDD抽样法，快速地生成某一地区或多个地区的包含所有移动电话号码的样本框。

具体实施思路也比较简单，首先需要获得一张指定地市的手机号码号段表（见图7-2）[②]，这张表包含了该地区所有已分配使用的手

---

① 移动电话号码的地区编码类似于固定电话的区号，用以识别号码所属的地区，查询号码归属地时就是通过这四位数字进行识别的。

② 各地市手机号段表可以方便在网上找到，也可以从各大运营商处获得或者在归属地查询网站上查询制作成表。山东大学城市发展与公共政策研究中心为了调查的需要，基于归属地查询网站的数据，整理制作了包含全国所有地市的手机号段表，如有需要，可以联系索取。

机号段（包括不同运营商的网络识别号以及分配给该地市的地区编码，总长度应为七位），接着为该表中的每一个号段随机产生从 0000 到 9999 的用户号码，得到的结果就是归属于该地市全部的移动电话号码①，也就是调查项目所需的样本框。

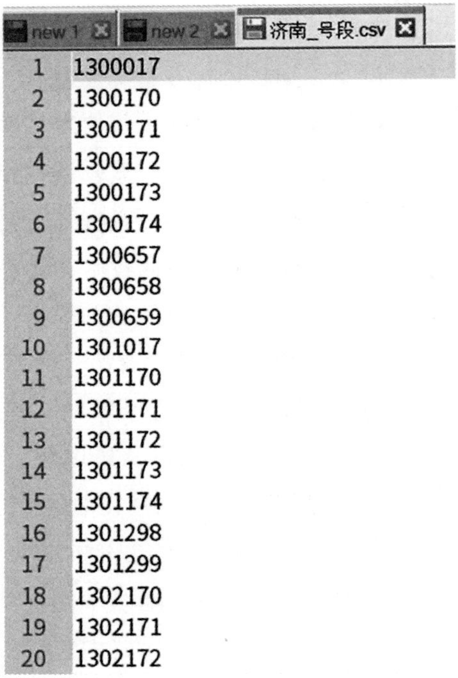

```
 new 1    new 2    济南_号段.csv
 1   1300017
 2   1300170
 3   1300171
 4   1300172
 5   1300173
 6   1300174
 7   1300657
 8   1300658
 9   1300659
10   1301017
11   1301170
12   1301171
13   1301172
14   1301173
15   1301174
16   1301298
17   1301299
18   1302170
19   1302171
20   1302172
```

图 7-2 移动电话号段表示例（济南）

使用 Python 自动生成号码样本框的操作步骤如下。首先选择一个文件夹作为工作目录，在此目录下分别创建 Haoduan、Yangbenkuang、

---

① 按照这个规律随机生成的号码样本库，每个地市每个所属号段理论上可以产生 1000 个手机号码，但是其中并不是每个号码都在使用中，因而样本库中会存在相当数量的空号。这些空号既可以在后续的电话调查过程中通过访员拨打识别并标记剔除，也可以提前利用第三方号码识别公司的服务，在正式调查前进行"清洗"，以过滤掉空号、长期无法接通等状态的号码。

Yangben、FangyuanHaomabiao 四个文件夹①，用以存放所有的号段、样本框、样本与访员用号码列表文件。工作目录与文件夹创建完成后，将根据抽样方案选定的所有地市的号段文件放入 Haoduan 文件夹里，各地市号段文件命名规则为"城市_号段.csv"，如"济南_号段.csv"，文件准备完成后如图 7-3 所示。在图例中，工作目录位于 D:/Project 文件夹下，号段文件放置于工作目录下的 Haoduan 文件夹里。

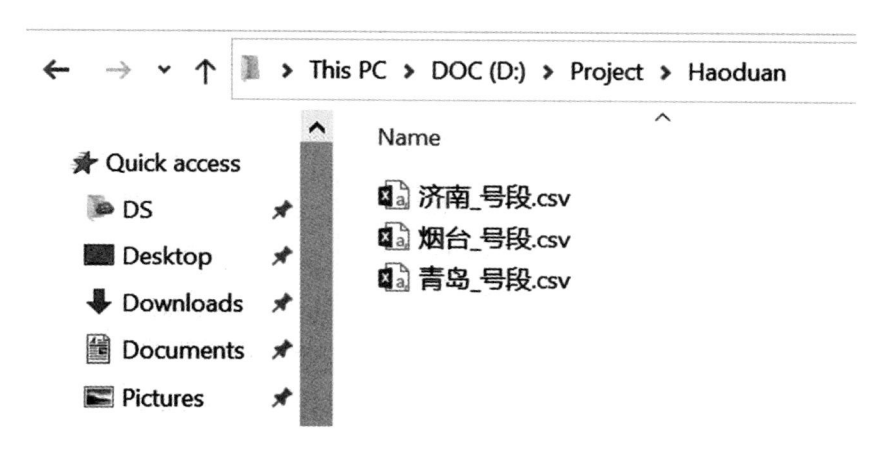

图 7-3 各地市号段文件存放示例

工作环境与目录文件准备完毕后，打开 Anaconda 套件中的 Spyder 程序，然后将下表中的示例代码敲进去。请注意，Python 对大小写与缩进层级敏感，因此代码输入时一定要严格注意区分大小写与缩进②。检查无误后，将 Python 代码保存到工作目录下，文件命名为"创建样本框.py"。为了节省时间，可以访问本书的配套资源（链接：https://icloud.qd.sdu.edu.cn:7777/link/23E3F197A4602B71B2A572D0262F544

---

① Python 程序对大小写敏感，如果希望使用本书的示例代码，请严格遵守大小写命名文件夹。

② Python 通过缩进来标记代码块之间的归属关系，一般每一层级使用四个空格（半角）进行缩进。

B，访问密码：GPjB），打开后找到"创建样本框.py"这个文件并下载到工作目录下（见表7-3）。

表7-3　　　自动生成号码样本框的 Python 代码

```
##############################################################
#运行以下代码前，请仔细检查如下事项：
#（1）本代码文件保存在工作目录下（与 Haoduan 文件夹同级）
#（2）各地市号段文件的命名格式正确（地市_号段.csv）
#（3）文件夹命名大小写正确
##############################################################


#导入 csv 库以读取 csv 文件
#导入 os 库以创建文件夹
import csv
import os


#自定义生成全部号码的函数
def GeneratePopulation（HaoduanFile）：

    #按照文件命名规则，截取出地市名称
    city = HaoduanFile［：-7］

    #创建前七位号段、后四位用户号码段、全部电话号码表三个空列表
    FirstSevenNum = ［］
    LastFourNum = ［］
    NumberList = ［］

    #读取对应地市号段的 csv 文件，将其添加至 FirstSevenNum 列表中。
    with open（HaoduanFile, mode = " r", encoding = " utf-8"）as f：
        HaoDuanList = csv.reader（f）

        #创建包含该地市所有号段的列表（前七位号码）
        for row in HaoDuanList：
            FirstSevenNum.append（str（row［0］））

    #生成0000-9999用户号码列表并将其存入 LastFourNum 列表中。
    for i in range（0, 10000）：
        LastFourNum.append（"｛：04d｝".format（i））

    #将每一个前七位号段与后四位号码合并，
    #生成完整号码后添加至 NumberList 列表。
```

续表

```
    for i in FirstSevenNum:
        for j in LastFourNum:
            NumberList.append(i + j)

#检测文件夹 Yangbenkuang 是否存在,如不存在,则新建该文件夹。
YangbenkuangFolder = "../Yangbenkuang"
if not os.path.exists(YangbenkuangFolder):
    os.makedirs(YangbenkuangFolder)

#保存所生成的全部号码至号码样本框文件,样本框文件位于 Yangbenkuang 文件夹下。
with open("../Yangbenkuang/{city}_号码样本框.csv".format(city = city), mode = "w", encoding = "utf-8") as f:
    for number in NumberList:
        f.write("{city},{number}\n".format(city = city, number = number))

#显示处理结果
print("地市:{city}\n总共生成号码数量:{amount}个\n输出文件:Yangbenkuang/{city}_号码样本框.csv".format(city = city, amount = len(NumberList)))
print(" = " * 20)


#进入工作目录下 Haoduan 文件夹
os.chdir("Haoduan")
#获取 Python 当前的目录
path = os.getcwd()
#读取 Haoduan 文件夹下所有的号段文件并存入列表备用。
HaoduanFileList = os.listdir(path)

#循环遍历所有号段文件,提交给生成全部号码的函数 GeneratePopulation 进行处理。
for HaoduanFile in HaoduanFileList:
    GeneratePopulation(HaoduanFile)


#处理结束后返回工作目录
os.chdir("..")
```

代码文件与号段文件准备完毕后如图 7-4 所示。

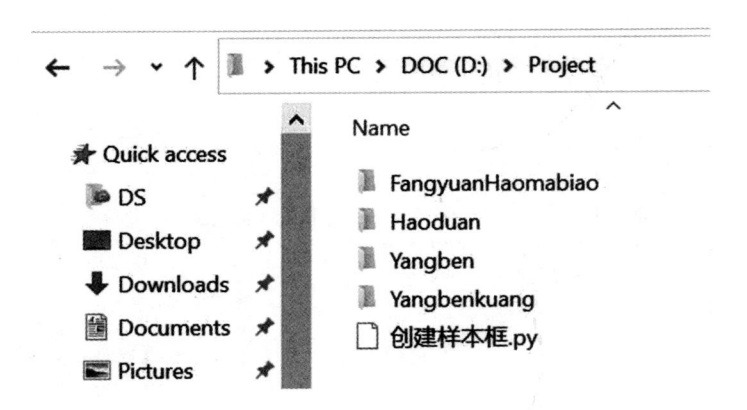

160　/　人文社科研究数据采集教程：低成本开展 CATI 电话调查

图 7-4　创建号码样本框前工作目录示例

以上准备工作全部完成后，在 Spyder 程序里的"创建样本框.py"窗口上，按 F5 键执行代码①。代码运行时，会自动循环遍历工作目录下 Haoduan 文件夹里所有地市的号段文件，并据此生成各个地市的号码样本框。程序运行结束后，可以在工作目录下 Yangbenkuang 文件夹里找到所有地市的号码样本框文件，如图 7-5 所示"济南_号码样本框.csv"。

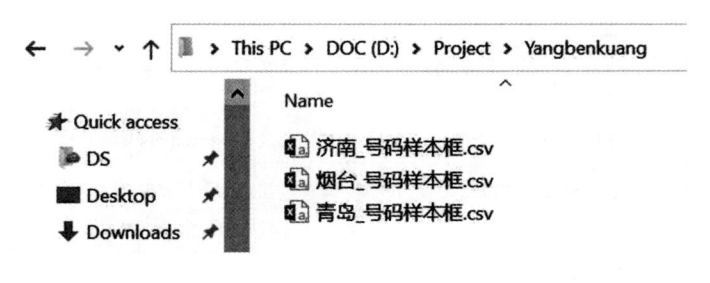

图 7-5　自动生成号码样本框后文件示例

所生成的各地市号码样本框为依照我国的移动电话号码编排规

---

①　通常每个地市生成的号码样本框会包含千万数量级别的号码，因此根据所需生成的地市的数量、计算机配置不同，代码运行需要数十秒到数十分钟的时间，其间请耐心等待。

律,各地市理论上可以拥有的全部手机号码。使用 Notepad + + 打开号码样本框文件,结果应如图 7 - 6 所示,数据第一列为地市名称,第二列为移动电话号码,列与列之间用半角逗号隔开。

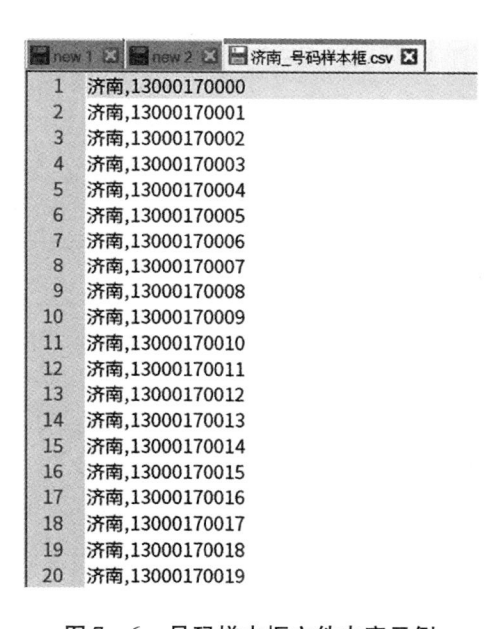

```
1   济南,13000170000
2   济南,13000170001
3   济南,13000170002
4   济南,13000170003
5   济南,13000170004
6   济南,13000170005
7   济南,13000170006
8   济南,13000170007
9   济南,13000170008
10  济南,13000170009
11  济南,13000170010
12  济南,13000170011
13  济南,13000170012
14  济南,13000170013
15  济南,13000170014
16  济南,13000170015
17  济南,13000170016
18  济南,13000170017
19  济南,13000170018
20  济南,13000170019
```

图 7 - 6 号码样本框文件内容示例

二 抽取样本

抽样方法上,概率样本的类型主要包括简单随机抽样、系统抽样、分层抽样、整群抽样、多阶段抽样等。具体选择哪种抽样方法,需要根据研究设计来确定,本书不再赘述。在确定了每个地市需要抽取的样本数量后,接下来就需要从已经创建好的样本框中抽取样本了。

最终需要抽取的样本数量与电话调查的有效应答率有关,其计算公式为:

实际抽取样本数量 = 调查项目所需的样本量 / 有效应答率

样本框的类型(RDD 随机生成或现成的电话号码簿),是否为追访样本、城区或农村样本、访员熟练程度等因素都会影响调查的有效应答率，根据研究所历年的调查实践，各种情形下的有效应答率如表 7-4 所示。

表 7-4　　　　　　　　　不同情形下的有效应答率

调查情形	有效应答率（估算）*
面向省内的 RDD 随机样本**	5%
面向全国的 RDD 随机样本	2%
追访（对上一次有效应答的样本再次进行调查）	20%—50% ***
现成的有效号码簿****	30%—80%

注：*一般 CATI 电话调查文献观测到的应答率在 10% 左右，但是近年来呈现下降的趋势。另外，由于采取 RDD 抽样法生成的样本框会包含相当数量的空号，因此本书记录的有效应答率会低于相关文献中记录的应答率。在实际的调查实施过程中，建议根据预调查的反馈情况，测算调查项目的有效应答率。

**面向省内的 RDD 随机样本有效应答率之所以比面向全国的要高，原因主要包括：电话调查的外线呼出号码为本省（通常是省会城市）的固定电话，被访对象更为熟悉，戒备心理要弱一些；本省居民对本省大学的学生访员信任度更高。

***一般来说，同一位被访对象，随着对其追访次数的增多，其应答率会逐次升高。

****通常由第三方委托开展的面向某个群体或行业的满意度调查，项目委托方一般会提供现成的有效号码簿，这一样本框的有效应答率会比较高。

假设有一项首次面向山东省内的调查项目，计划要完成的样本量为 3000 份，每个地市按照人口权重分配相应的样本量，济南市分配到的样本量为 300 份，则根据上表，最终实际需要抽取的济南市的号码样本数量为 300／0.05 = 6000（个）。

假定已经参考本书前面的步骤完成了对应地市号码样本框的创建工作，则使用 Python 自动随机抽取号码样本的操作步骤如下。先打开 Anaconda 套件中的 Spyder 程序，然后将下表中的示例代码敲进去。请注意，Python 对大小写和缩进层级敏感，因此代码输入时一定要严格区分大小写与缩进。检查无误后，将 Python 代码保存到工作目录下，文件命名为"抽取样本.py"。为了节省时间，可以访问本书的配套资源（链接：https://icloud.qd.sdu.edu.cn：7777/link/23E3F197A4602B71B2A572D0262F544B，访问密码：GPjB），打开后找到"抽取样本.py"这个文件并下载到工作目录下（见表7-5）。

表7-5　　　　　　　　自动抽取样本的 Python 代码

```
###############################################################
#运行以下代码前，请仔细检查如下事项：
# (1) 本代码文件保存在工作目录下（与 Yangbenkuang 文件夹同级）
# (2) 各地市样本框文件的命名格式正确（地市_号码样本框.csv）
# (3) 文件夹命名大小写正确
###############################################################


#导入 pandas 库以读取并存入 csv 文件
#导入 os 库以创建文件夹
import pandas as pd
import os


#自定义抽取样本号码的函数
def GenerateSample (YangbenkuangFile):

    #按照文件命名规则，截取出地市名称
    city = YangbenkuangFile [: -10]

    #询问各地市需抽取的样本数量
    SampleSize = int (input ("请输入{city}要抽取的样本数量，如300:".format (city = city)))

    #读取对应地市号码样本框的 csv 文件
    df = pd.read_csv (YangbenkuangFile, header = None, encoding = 'utf-8')

    #根据用户规定的样本数量，从号码样本框中随机抽取相应数量的样本。
    df1 = df.sample (SampleSize)

    #重建抽取出的样本表的序列号
    df1 ['index'] = df1.reset_index ().index

    #截取序列号、地市、号码这三列组成一个新的数据列
    df2 = df1.iloc [:, [2, 0, 1]]
```

续表

```
#检测文件夹 Yangben 是否存在，如不存在，则新建该文件夹。
YangbenFolder = "../Yangben"
if not os.path.exists(YangbenFolder):
    os.makedirs(YangbenFolder)

#保存抽取出的号码至样本文件，样本文件位于 Yangben 文件夹下。
df2.to_csv("../Yangben/{city}_抽取样本.csv".format(city=city), index=False, header=None, encoding="utf-8")

#显示处理结果
print("地市：{city}\n总共抽取样本数量：{amount}个\n输出文件：Yangben/{city}_抽取样本.csv".format(city=city, amount=SampleSize))
print("=" * 20)


#进入工作目录下 Yangbenkuang 文件夹
os.chdir("Yangbenkuang")
#获取 Python 当前的目录
path = os.getcwd()
#读取 Yangbenkuang 文件夹下所有的样本框文件并存入列表备用。
YangbenkuangFileList = os.listdir(path)

#循环遍历所有样本框文件，提交给抽取样本号码的函数 GenerateSample 进行处理。
for YangbenkuangFile in YangbenkuangFileList:
    GenerateSample(YangbenkuangFile)

#处理结束后返回工作目录
os.chdir("..")
```

代码文件与号段文件准备完毕后如图 7-7 所示。

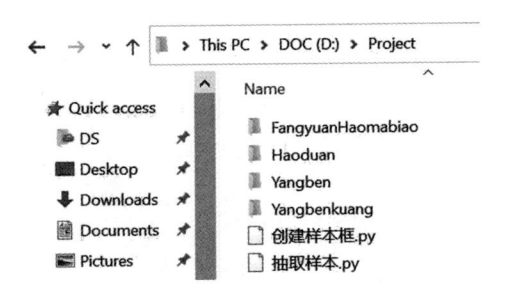

图 7-7　抽取样本前工作目录示例

第七章 电话调查项目实施 / 165

以上准备工作全部完成后，在 Spyder 程序里的"抽取样本.py"窗口上，按 F5 键执行代码①。代码运行时，会自动循环遍历工作目录下 Yangbenkuang 文件夹里所有地市的号码样本框

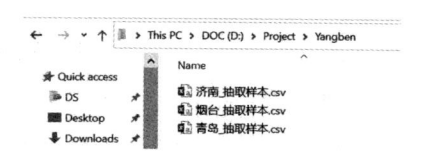

图 7-8 自动抽取样本后文件示例

文件，并逐一提示用户输入每个地市所需抽取的样本数量，输入后敲回车键确定，之后程序会自动随机抽取规定数量的各个地市的号码样本。程序运行结束后，可以在工作目录下 Yangben 文件夹里找到抽样后创建的所有样本文件，如图 7-8 所示"济南_抽取样本.csv"。

使用 Notepad++打开抽取的样本文件，结果如图 7-9 所示，数据第一列为序号②，第二列为地市名称，第三列为样本号码，各列数据之间用半角逗号隔开。

图 7-9 抽取样本文件内容示例

根据以上的操作步骤，我们完成了选定地市的样本框创建以及样本号码的抽取工作，获得了每个地市所需数量的号码样本。为了方便访员拨号使用，需要在此基础上制作访员用的号码列表文件。

---

① 从地市号码样本框中抽取样本时，程序需要先读取样本框文件，然后再从中随机抽样，根据号码样本框的文件大小、抽取样本数量的不同，代码运行需要数十秒到数十分钟的时间，其间请耐心等待。

② Python 语言的索引从 0 开始，因此左边的序列 0 表示第一行数据，后续生成访员用的号码列表文件时会作相应的转换。

第五节 制作访员用号码列表文件

访员用的号码列表文件类似于前期在设置访员终端时使用的测试号码列表，所不同的是在正式调查过程中，列表文件包含数量更多的号码。

假定已经参考本书前面的步骤完成了对应地市号码样本框的创建与样本抽取工作，则使用 Python 自动制作访员用号码列表文件的操作步骤如下①。首先打开 Anaconda 套件中的 Spyder 程序，然后将表 7-6 中的示例代码敲进去。请注意，Python 对大小和缩进层级写敏感，因此代码输入时一定要严格区分大小写与缩进。检查无误后，将 Python 代码保存到工作目录下，文件命名为"制作访员用号码列表文件.py"。为了节省时间，可以访问本书的配套资源（链接：https：//icloud.qd.sdu.edu.cn：7777/link/23E3F197A4602B71B2A572D0262F544B，访问密码：GPjB），打开后找到"制作访员用号码列表文件.py"这个文件并下载到工作目录下（见表 7-6）。

表 7-6　　生成访员用号码列表文件的 Python 代码

```
############################################################
#运行以下代码前，请仔细检查如下事项：
# （1）本代码文件保存在工作目录下（与 Yangben 文件夹同级）
# （2）各地市样本文件的命名格式正确（地市_抽取样本.csv）
# （3）文件夹命名大小写正确
# （4）电子问卷网址准备完毕
############################################################
```

---

① 本示例代码默认使用 LimeSurvey 问卷系统创建的基于 token 的问卷，如使用普通开放访问的问卷时，应按照代码中的注释说明进行相应的修改。如使用其他问卷平台创建的基于 token 的问卷，应根据问卷网址的规则，确定问卷网址中变与不变的部分，将不变的部分填写在问卷网址处。

续表

```
#导入pandas库以读取并存入csv文件
#导入datetime库以生成当前时间
#导入os库以创建文件夹
import pandas as pd
import datetime
import os


################################################################
#使用前请替换示例代码中的测试问卷网址。
#电子问卷既可以使用自己部署的LimeSurvey创建,
#也可以使用腾讯问卷、问卷星等创建。
#示例代码中默认的为基于token的LimeSurvey问卷,
#如采用普通开放问卷,请注释掉默认的问卷网址*,使用第二个网址**。
#使用其他问卷平台创建的基于token的问卷时,应根据网址的规则正确编写网址。
QuestionnaireLink = " http：//survey.sduudpp.org/index.php/145892？token = "
#QuestionnaireLink = " http：//survey.sduudpp.org/index.php/145892"
################################################################


#自定义制作访员用号码列表文件的函数
def GenerateInterviewerTable（YangbenFile）：

    #按照文件命名规则,截取出地市名称
    city = YangbenFile［：-9］

    #生成当前时间
    DateTime = datetime.datetime.now（）.strftime（'%Y-%m-%d %H:%M'）

    #读取对应地市号码样本的csv文件,并且增加列标题。
    df = pd.read_csv（YangbenFile, names = ［'序号','归属地','电话号码'］, encoding = 'utf-8'）

    #检测文件夹FangyuanHaomabiao是否存在,如不存在,则新建该文件夹。
    FangyuanHaomabiaoFolder = " ../FangyuanHaomabiao"
    if not os.path.exists（FangyuanHaomabiaoFolder）：
        os.makedirs（FangyuanHaomabiaoFolder）

    #新建一个以地市命名的html文件,用于制作供访员用的号码列表文件。
    with open（" ../FangyuanHaomabiao/｛city｝_访员用号码表.html".format（city = city）, mode = " a", encoding = " utf-8"）as f:
```

---

* 在该行代码前添加#。
** 将该行代码前的#删除。

续表

```
            # Html 页面源码，不作任何更改
            f.write("""
                <!DOCTYPE html>
                <html lang="en">
                <head>
                    <meta charset="UTF-8">
                    <title>访员用号码列表</title>
                </head>
                <body>
                    <h1>访员用号码列表</h1>
                    <h5>生成时间：{DateTime}</h5>
                    <div>
                        <table border="1" cellspacing="0" cellpadding="8">
                            <tr>
                                <th>序号</th>
                                <th>电话号码</th>
                                <th>归属地</th>
                                <th>问卷网址</th>
                                <th style="width:300px">备注</th>
                            </tr>
            """.format(DateTime=DateTime))
            #根据样本号码，自动填充序号、号码、归属地、问卷网址等信息。
            for SampleInfo in zip(df['序号'], df['归属地'], df['电话号码']):
                f.write("""
                            <tr>
                                <td>{index}</td>
                                <td><a href="zoiper:{number}">{number}</a></td>
                                <td>{city}</td>
                                <td><a href="{link}" target="_blank">{link}</a></td>
                                <td></td>
                            </tr>
                """.format(index=SampleInfo[0]+1, number=SampleInfo[2], city=SampleInfo[1], link=QuestionnaireLink))   # 使用普通开放问卷时，最后一部分应改为 link=QuestionnaireLink
            # Html 页面源码，不作任何更改
            f.write("""
                        </table>
                        <h2>版权所有：山东大学城市发展与公共政策研究中心</h2>
                    </div>
                </body>
                </html>
            """)
```

续表

```
#显示处理结果
print("｛city｝访员用号码表.html创建完毕。".format(city=city))
print(" = "*20)


#进入工作目录下Yangben文件夹
os.chdir("Yangben")
#获取Python当前的目录
path = os.getcwd()
#读取Yangben文件夹下所有的样本文件并存入列表备用。
YangbenFileList = os.listdir(path)

#循环遍历所有样本文件，提交给制作访员用号码列表文件的函数GenerateInterviewerTable
进行处理。
forYangbenFile in YangbenFileList：
    GenerateInterviewerTable(YangbenFile)

#处理结束后返回工作目录
os.chdir("..")
```

代码文件与号段文件准备完毕后如图7-10所示。

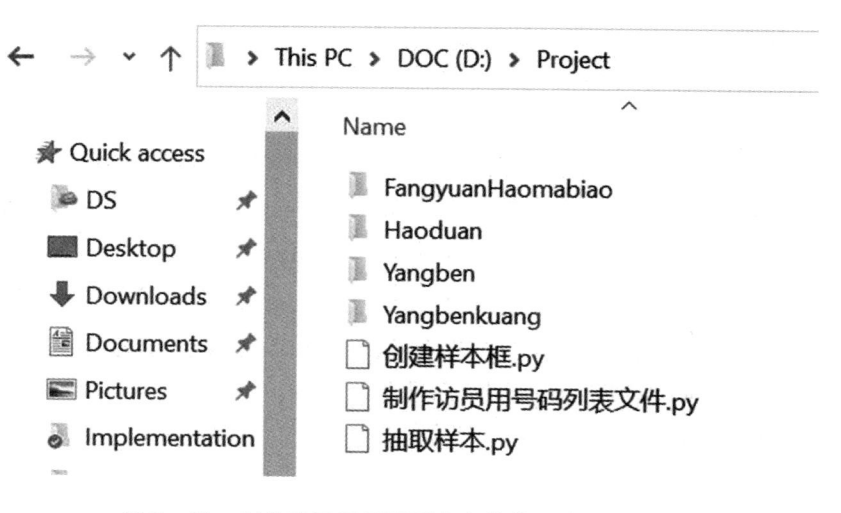

图7-10 制作访员用号码列表文件前工作目录示例

以上准备工作全部完成后，在 Spyder 程序里的"制作访员用号码列表文件.py"窗口上，按 F5 键执行代码。代码运行时，会自动循环遍历工作目录下 Yangben 文件夹里所有地市的号码样本文件，依据样本号码批量制作访员用号码列表文件。程序运行结束后，可以在工作目录下 FangyuanHaomabiao 文件夹里找到创建的所有访员用号码列表文件，如图 7-11 所示"济南_访员用号码表.html"。

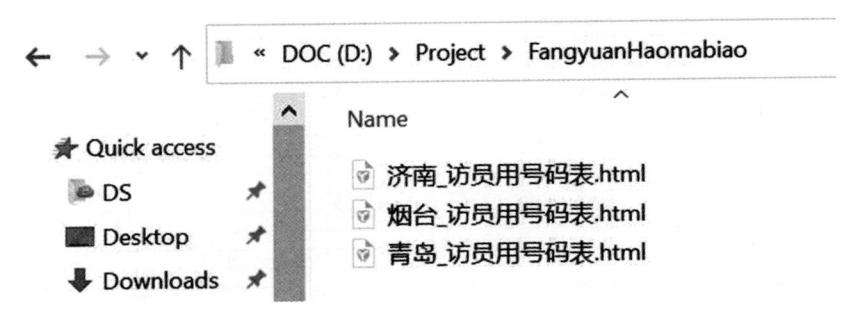

图 7-11　自动创建访员用号码列表文件后文件示例

创建的访员用号码列表文件使用 Microsoft Edge 浏览器打开后如图 7-12 所示，号码列表从左到右分别为序号、电话号码、归属地、问卷网址等信息。为了方便访员在调查过程中记录情况，号码列表还增加了备注列，可以同时打印成纸质版发放给访员填写使用。

至此，调查前期所需的样本框创建、样本抽取、访员用号码列表文件创建等工作全部完成，下一步就可以根据访员排班安排，将号码列表文件分发给对应的访员或访员组。访员将号码列表文件复制到访员终端上，使用 Microsoft Edge 浏览器或移动终端的浏览器打开，即可点击电话号码调用 Zoiper 客户端自动拨号，同时点击问卷网址打开电子问卷并根据被访者的回答填答问卷。

访员用号码列表

生成时间：2020-12-08 13:48

序号	电话号码	归属地	问卷网址	备注
1	13006596401	济南	http://survey.sduudpp.org/index.php/145892	
2	13075303596	济南	http://survey.sduudpp.org/index.php/145892	
3	13082741635	济南	http://survey.sduudpp.org/index.php/145892	
4	13105413037	济南	http://survey.sduudpp.org/index.php/145892	
5	13075320883	济南	http://survey.sduudpp.org/index.php/145892	
6	13075380090	济南	http://survey.sduudpp.org/index.php/145892	
7	13127106526	济南	http://survey.sduudpp.org/index.php/145892	
8	13031739027	济南	http://survey.sduudpp.org/index.php/145892	
9	13153044065	济南	http://survey.sduudpp.org/index.php/145892	
10	13046016031	济南	http://survey.sduudpp.org/index.php/145892	
11	13153124714	济南	http://survey.sduudpp.org/index.php/145892	
12	13145406963	济南	http://survey.sduudpp.org/index.php/145892	
13	13105415256	济南	http://survey.sduudpp.org/index.php/145892	
14	13081420396	济南	http://survey.sduudpp.org/index.php/145892	
15	13075303290	济南	http://survey.sduudpp.org/index.php/145892	
16	13006586327	济南	http://survey.sduudpp.org/index.php/145892	
17	13046030644	济南	http://survey.sduudpp.org/index.php/145892	
18	13064064602	济南	http://survey.sduudpp.org/index.php/145892	
19	13153006538	济南	http://survey.sduudpp.org/index.php/145892	
20	13006573743	济南	http://survey.sduudpp.org/index.php/145892	

图 7-12　访员用号码列表示例页面

第六节　预调查

在正式的大规模调查之前开展的预调查，对于电话调查来说具有额外的作用。首先，通过预调查可以检验问卷问题是否适合电话调查。其次，可以获得所抽取样本号码的实际有效应答率，对于面向全国的调查项目，还可以进一步获得分区域的有效应答率。最后，预调查的过程也是调查团队与访员相互磨合逐渐进入工作状态的一个过程。具体来说，预调查阶段的主要工作包括开展预调查，在预调查结束后总结反馈以及问卷或样本的调整等。与此同时，在预调查开展前以及调查过程中，应根据调查情况，动态地组织访员培训工作。

预调查开展过程中，调查项目负责人与督导组应密切观察调查的进度，动态记录访员与被访者对问卷问题的反馈意见，定期测算问卷完成时长以及有效应答率，技术组或系统负责人应关注各系统模块以及语音线路的运行状态，协助访员配置或调试访员终端，解决访员在调查过程中可能遇到的技术问题[①]。

预调查告一段落后，调查项目团队应至少组织两场讨论会。一场是关于问卷问题设置与优化的讨论，主要是根据预调查的结果来检验问卷的信度效度；根据访员与督导的反馈判断问卷问题的数量是否适当，问题的模块布局与结构是否合理，问题的题干与说明是否清晰有效，在此基础上进一步修改完善问卷。另一场是关于访员工作的阶段性总结与交流，通过集中研讨或小组交流的方式，了解访员们在调查工作中所遇到的普遍性问题并探讨解决方案；访员之间也可以借此机会相互交流经验技巧，分享调查过程中的心得体会，疏导缓解调查中积累的心理压力。访员工作的阶段性总结与交流活动，也可以与访员培训工作结合起来，通过定期与不定期的交流与示范演示活动，不断提高访员的工作能力，保持访员的工作积极性。

---

① 由于调查项目组成员以及访员对设备使用不太熟练，再加上所抽取的号码样本会包括相当数量的空号或无法接通的号码，因此在调查开展初期，尤其是预调查阶段，部分访员可能会将此类号码无法拨通的现象误认为系统故障。技术组成员在收到此类"故障"报告后，应首先建议访员在自己的访员终端上拨打自己的手机号码，以测试访员终端设备与语音线路是否正常。

第七节　访员管理

访员是 CATI 调查项目实施过程中的中坚力量，所有的调查行为最终都是由访员来实施的，访员的工作能力与工作态度会直接影响整个调查项目的进展与质量，为此在调查项目的实施过程中，有必要做好访员管理的相关工作。从大的方面来说，访员管理主要包括访员班次安排、访员绩效管理、访员心理疏导这几大类工作。

一　访员班次安排

访员的班次安排与调查的日程计划息息相关。在确定调查的日程计划时，应该综合考虑调查项目的研究主题与调查对象。移动电话时代，通常大部分人都会随身携带手机，因此调查的班次安排相比固定电话要更加灵活。实践中一般每天安排 9：00—11：00、11：00—13：00、13：00—15：00、15：00—17：00、17：00—19：00、19：00—21：00 这六个班次，访员可以根据各自的时间安排选择对应的班次，督导组再根据总体安排进行调整并确定最终班次安排。

一般来说，每天上午的 11：00—13：00 和下午的 15：00—17：00 这两个班次，由于临近午休或下班时段，被访者接听电话并且同意接受调查的概率较平时要高。另外晚上的班次也有很好的接通率，只是需要注意的是 17：00—19：00 这一班次可能与晚餐时间重叠，因此应提醒访员，当被访者接听了电话但表示不方便接受调查时，可以尝试与被访者预约另一个方便的时间重新呼叫，同时在问卷系统上或号码列表纸上做好标记。另外的"黄金时间段"是周末的班次，实践发现，周末班次的有效应答率是平时班次的 1.5—2 倍甚至更高，而且即使被访者表示当时正忙无法接受调查，重新预约时间再访的成功率也很高，因此应尽可能地充实以上班次的访员，以保证调查进度。假如调查项目面向的是某一个或某些特定的群体，则调查项目的班次安排应充分地考虑到被访群体的工作与生活习惯，尽量将更多的访员安排在被访者不那么忙碌或身心比较放松的时间段。

一旦访员的排班计划确定下来，督导组就应该将访员与访员终端进行"绑定"，这样做的好处是，大部分情况下，访员可以坐在自己熟悉的座位上，使用熟悉的设备开展工作，而且对在通话过程中出现的特殊问题也可以得到更好地衔接处理。在调查项目规模较大，招募的访员数量较多的情况下，建议对访员进行分组管理，每组选举或指定小组长。小组长的职责主要是在督导的指导下，调整本组的班次安排，监督组员遵守工作纪律，把握本组访员的心理状态，监控本组的工作进度。当访员终端数量足够时，还可以将若干台访员终端"承包"给对应的小组，由小组长根据情况灵活地调整班次安排。

访员的班次安排工作中另一个需要考虑的因素是访员的人口学特征与被访者的匹配，主要包括地区匹配、语言匹配与性别匹配等方面，这一点在开展全国性的调查项目时尤为重要。对一些口音比较重的地区，安排来自该地区的访员进行调查可以增进访员与被访者之间的沟通。

二 访员绩效管理

访员的绩效管理工作主要包括访员的出勤记录与薪酬管理，不论如何设计，其根本目的是充分调动访员的积极性与责任心，保质保量地完成调查任务。总体来说，在规划访员的绩效考核时，应兼顾访员的劳动付出、工作效率与工作质量，过分地偏重一方都可能会影响调查的进度与质量。

第一，访员的出勤管理。

通常来说，大型商用CATI系统都会有访员登录注销功能，可以方便地实施访员的出勤管理。小型低成本CATI电话调查由于采用自主部署的开源系统搭建，基础功能不如商用系统全面，因此需要辅以其他手段记录访员的出勤。近几年的调查实践发现，小型调查团队可以根据自身情况，选择以下几种方式进行访员的考勤管理。

第一种方式是直接设计纸质签到签退表格，将其放置在调查室入口处，每位访员出勤与退勤时需签字并记录时间。这种方式的优点是简便直观，实施成本低，缺点是需要督导定期转录为电子表格，同时可能会有访员虚报出勤班次与时间。第二种方式是采用信息化管理，如使用阿里钉钉APP等，通过在APP上或购置指纹打卡机实现考勤管理。这种方式的优点是记录精确，可以比较有效地杜绝代打卡或虚报的情况，缺点是督导需要花费一定的时间学习使用，同时也需要购置额外的设备。第三种方式是直接与问卷系统集成，在问卷中添加访员编号相关的问题，访员每提交一份问卷系统就会记录访员编号与提交时间，后期通过访员对应的问卷提交时间来统计其出勤班次与时间。这种方式的优点是无须任何设备或第三方软件，不额外增加访员的工作负担，但是要求督导定期导出并分析问卷收集的数据。

第二，访员的薪酬管理。

虽然相比商业调查公司的全职访员，学生访员参与调查项目主要是兼职，或者将其作为社会实践课程或活动的一部分，但是这并不意味着薪酬管理不重要。薪酬一方面是对访员劳务付出的回报，另一方面是对访员高质量调查工作的激励，因此薪酬管理关乎调查项目的进度与质量。

大多数情况下，应该采取混合式的薪酬结构支付访员的劳务，访员的薪酬由基本工资与绩效工资构成。基本工资既可以采取基于出勤班次的计算方式，也可以根据呼出电话或完成问卷的数量来计算，实践中通常都是以出勤时长为标准计算的。绩效工资则主要根据访员完成的且通过验收或抽检合格的有效问卷数量额外给付。基本工资与绩效工资的标准应该根据调查项目总预算、调查对象、问卷长度等因素综合确定，推荐标准为基本工资5—15元/小时，绩效工资5—15元/份问卷。在某些情况下，为了鼓励访员多参加调查班次，还可以实行阶梯工资制，超过一定时长后的工作时间，其基本工资上浮一定比例[①]。

薪酬管理中另外一个需要考虑的问题是多位访员共同完成的问卷的绩效"分成"。有些时候，一份问卷可能是由多位访员共同完成的。比如第一位访员当班时拨通的某位被访者当时不便接受调查，双方预约了另外一个时间段再次呼叫，这个时间段很有可能位于其他访员的工作班次内，最终完成的这份问卷可以被视为由第一位访员"介绍"给第二位访员完成的。遇到这种情况，可以根据问卷的长度或调查的难易程度约定"分成"比例，如按照3:7或2:8的比例分配绩效。

三　访员心理疏导

采取RDD抽样法开展的电话调查有效应答率较低，这意味着访员在工作中要面临大量的拒接或拒答的情况，另外调查中部分被访者可能会出现语言威胁或骚扰的行为，这些都会给访员带来一定的心理压力。访员的心理压力主要表现在对其自信心的打击上，久而久之会产生负面情绪，如果不采取有效的措施提前预防或及时疏导，轻则会导致访员中途退出调查，重则可能会转而影响其日常的工作与学习，因此调查项目的访员管理工作中另一项重要的工作是访员的心理疏导。小型调查团队开展调查项目时，主要从在校学生中招募兼职访员，由于他们年龄较小，社会阅历较少，更容易产生心理压力。

为了有效降低访员的心理焦虑，在访员招募与培训环节就应该让他们提前知晓电话调查应答率较低的事实，明白大量的拒接与拒访是十分正常的现象，降低他们的心理预期，防止在调查正式开始后由于

---

① 假如设置60小时为基本工资阶梯计算标准，60小时内的部分按10元/小时计算基本工资，超出部分按15元/小时计算基本工资，据此标准，若访员实际工作时长为80小时，则其基本工资为$60 \times 10 + (80-60) \times 15 = 900$（元）。

预期差而导致的失落心理。这一点，对调查团队的督导组成员也同样有效。实践发现，在调查初期，督导组成员也同样会因为进度不达预期而产生心理波动，因此在调查开始前，使督导组成员与访员对调查工作形成合理的预期是非常必要的。

调查过程中的另一个压力源是部分被访者的语言威胁与骚扰，这一点在采用 RDD 随机抽样法开展的调查时可能性更高。部分被访者不太理解为何他们的号码能被抽取到，担心隐私泄露或诈骗，因此可能出现威胁访员的言行。对此，在访员培训阶段就应该明确地告诉访员调查项目的抽样方法，采取 RDD 抽样法时要让访员了解他们所拨打号码的生成原理，这样在调查过程中能尽量避免产生误会[1]。另外，为了降低被访者语言威胁对访员个人带来的心理压力，在培训阶段应该让访员明白在调查过程中出现的任何冲突或争端，被访者发泄的对象都是针对调查项目本身，而不是访员个人。最后，如果被访者的语言威胁或骚扰超过了正常可接受的限度，应该让访员明确告知被访者，调查过程中所有的通话都是自动录音的，提醒被访者注意言行。假如冲突持续升级，应该让访员将通话转接至督导甚至调查项目负责人，由督导或项目负责人亲自处理[2]。

除此之外，由于 CATI 电话调查的号码样本中包含有相当数量的空号或拒接号码，对于缺乏调查经验的访员来说，参加调查工作的初期容易产生"挫败感"，并且倾向于认为自己所分配的班次或号码接通率低而其他的访员"运气"更好。因此为了缓解访员的心理压力，可以在访员的班次安排工作中适当考虑"公平性"，督导在排班时尽

---

[1] 研究所在调查过程中曾经发生过因为访员不了解号码的抽样原理而导致的误会事件。在调查过程中，当被访者询问为何拨打到他们的电话时，访员回答是从电信运营商那里获取的，被访者听后觉得运营商"倒卖"了他们的个人信息，扬言要报警投诉，险些酿成误会。因此，对于采取 RDD 抽样法生成的号码样本，在访员培训环节，一定要让访员了解号码的生成原理，以及号码本身并没有关联号码所有者的任何个人信息或特征这一事实。

[2] 根据研究所历年的调查实践，大部分的抵触情绪都是由于被访者担心其个人信息被泄露而造成的，极少（基本没有发生过）会升级到人身威胁或攻击。

量让每位访员能参加各类班次（工作日与周末班次、每日的不同时间段班次）以及在不同地市号码样本中轮换，避免"围城"心理，此举也有助于安抚访员的不满情绪。

第八节　质量控制

CATI 电话调查相比其他类型的调查，一个显著的优点是访员与调查过程更为集中，因此也更容易进行质量控制。另外，由于采用了电子问卷系统，各个问题的逻辑跳转以及回答校验都可以提前设置妥当，降低了访员在调查过程中出错的可能性。受益于 IP – PBX 以及相关信息技术的发展，电话调查能够以较低的成本进行质量控制，而且在大部分情况下，这种质控行为是实时且无感知的，一般不会影响访员正在进行的调查活动。质量控制工作大部分情况下是督导组的职责，具体来说，电话调查的质量控制工作，主要包括营造高质量的调查环境；监督访员按照调查项目要求，诚实且高质量地与被访者沟通并填答问卷；监控样本消耗进度，及时调整访员班次安排与样本投放；阶段性地复查已完成的调查，进一步确保调查的真实性、有效性。

一　营造高质量的调查环境

高质量的调查环境主要体现在干净整洁的调查场所与和谐向上的调查团队上。高质量的调查环境既是对访员的尊重，更有利于保持访员的身心健康。为此，调查场所应该明亮整洁、通风良好；访员桌椅之间留有足够的间距，方便人员移动；房间内温湿度处于舒适区间，夏天应配有空调降温，冬天如湿度过低最好配备加湿器；如果条件允许，调查场所应配备空气净化器，避免感冒或其他呼吸道疾病给访员与调查工作带来的不利影响；调查团队应定期打扫调查室卫生，条件允许还可以对耳麦进行定期消毒。

在营造和谐向上的团队氛围方面，首先，应该充分尊重访员以及访员的劳动，认真听取访员提出的意见建议，对存在的普遍性的问题及时加以改进。其次，整个团队要营造乐观轻松的工作氛围，资金允许的情况下，可以给各个调查小组一笔"团建"经费，通过聚餐、出游等集体活动释放工作压力，增进团队感情。再次，在日常工作中，督导应以身作则，一般应比访员提前到达现场，平时要多与访员沟通，及时发现调查过程中存在的问题与不足并加以完善。最后，督导自身要熟悉调查业务，在预调查阶段应该亲自拨打电话，亲身体验调查过程，这有助于回答访员在调查过程中提出的相关问题，对访员遇到的困难更能感同身受。在正式调查阶段，督导也应该不定期地参加调查活动，以保持业务的敏感性。

二　监控调查过程

对调查过程进行实时监控主要包括对访员的通话进行实时监听以及对调查进度进行监控。对通话过程的实时监听主要目的是即时发现访员与被访者沟通中存在的问题与不足，对调查进度的监控是为了监测样本消耗进度以及整体调查进度，及时调整样本与访员排班。

1. 实时监听通话过程

早期的电话调查中，囿于技术限制，督导想要实时监听访员的通话，通常使用并线监听设备，这很容易影响当前正在进行的通话质量（如线路音量下降或出现杂音），或者因为访员或被访者察觉到通话正在被监听而影响调查过程。IP-PBX 以及信息技术的发展将所有的语音通话数字化，使得督导可以在不干扰、不影响当前正在进行的通话的前提下，自由灵活地监听通话过程，而且这种监听既可以实时在线地监听，也可以在事后对通话录音进行抽检。

FreePBX 系统安装配置结束后，自带通话监听功能，其使用方法也很简单。督导在任意一部访员终端上，打开 Zoiper 客户端并拨打 555 这个号码，接通后，按 Zoiper 拨号盘上的 * 键，FreePBX 系统就会自动轮询当前的活跃分机并将其通话同步至督导使用的 Zoiper 客户端上，督导就可以依次监听每一位访员的通话。

  FreePBX 呼叫系统自带的监听功能操作简便，比较适合分机数量较少的情形，但是由于它无法监听指定的分机，当调查室分机数量较多时，使用起来较为不便。为了方便督导监听指定的分机，可以对 FreePBX 系统作一点小小的修改，使其增加监听指定分机的功能，以下为具体的操作步骤。

  在 FreePBX 系统管理 Dashboard 概览页面上（见图 7-13），鼠标点击页面最上方菜单栏的 Admin 菜单项，在下拉菜单里点击 Config Edit 以进入 FreePBX 系统的配置文件编辑页面。

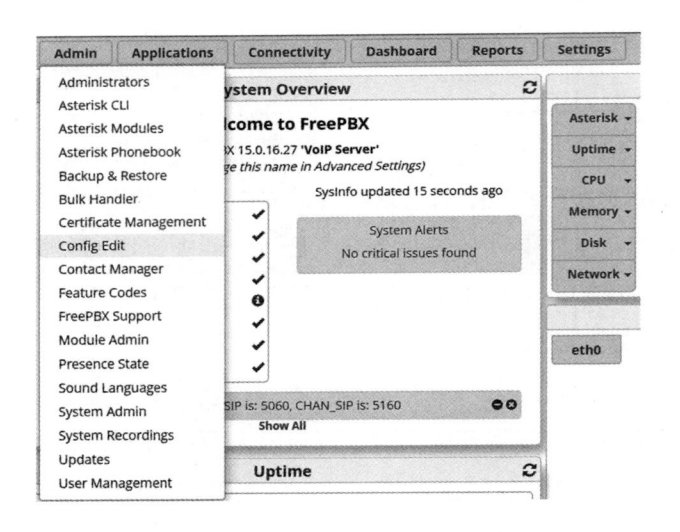

图 7-13 FreePBX 配置文件编辑菜单路径

  进入 FreePBX 配置文件编辑页面后，页面左侧显示 FreePBX 全部配置文件列表，右侧编辑框显示对应配置文件的内容并且可以对其进行编辑（见表 7-7）。首先在页面左侧找到"extensions_custom.conf"这个文件并用鼠标点击，正常情况下，由于该配置文件尚未被修改过，右侧的编辑框应该为空。接下来将下表的配置代码①输入右侧编辑框，输入完成后应如图 7 - 14 所示。检查无误后，鼠标点击下方的 Save 按钮保存配置更改。接着再鼠标点击 FreePBX 系统管理页面右上角的红色 Apply Config 按钮，使监听指定分机的配置修改生效。

表 7 - 7　　　　　　实现监听指定分机的配置文件内容

```
exten = > 888, 1, Macro（user-callerid）
exten = > 888, 2, Read（SPYNUM, agent-newlocation）
exten = > 888, 3, ChanSpy（PJSIP/ $｛SPYNUM））
```

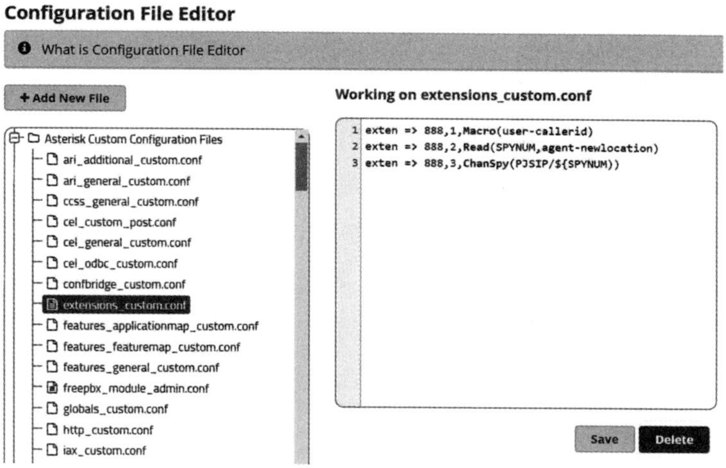

图 7 - 14　实现监听指定分机配置代码示例

---

①　这几行配置代码告诉 FreePBX 系统，当分机拨打 888 这一号码时，系统应提示用户输入一个新的分机号码，接着系统调用 ChanSpy 模块监听相应的分机。配置代码中的 888 为特征码，可以根据要求修改为其他号码，但不得与现有的分机号码和特征码重合。原始配置代码出处：https: //community. freepbx. org/t/how-to-chanspy-specific-extension/10261/5，在此基础上根据具体使用情况进行了修改。

以上配置生效后，督导在任意一部访员终端上，打开 Zoiper 客户端并拨打 888 这个号码。接通后，系统语音会提示 "Please enter your new extension, followed by pound."，根据提示在 Zoiper 拨号盘上或键盘上输入指定的分机号码（如 5312）并按#键提交。如果分机 5312 正在通话中，FreePBX 会自动将其通话语音同步至督导使用的分机上。借助指定监听功能，督导可以监听任意一部分机的通话而不会干扰访员与被访者之间正在进行的通话，也不需要在调查室来回巡视走动，降低了督导对访员调查工作的干扰，有效地提高了工作效率。

2. 回放通话录音

除了随机监听实时通话，督导还可以通过回放通话录音进行质量控制，这一做法尤其适用于定期的集中抽查、回溯具体通话（通过访员分机号码、通话日期时间、被叫号码、通话时长等标准筛选），以及导出具有代表性的通话录音。

FreePBX 呼叫系统自带通话记录与通话录音功能，只要对照本书前面章节介绍的步骤设置完毕后，每位访员拨出的电话记录都会被完整地保存下来，通话接通后如有应答会自动保存双方的通话录音。要查看通话记录与录音，在 FreePBX 系统管理 Dashboard 概览页面上，鼠标点击页面最上方菜单栏的 Reports 菜单项，从下拉菜单里点击 CDR Reports 进入 FreePBX 系统的通话记录查询页面（见图 7 – 15）。

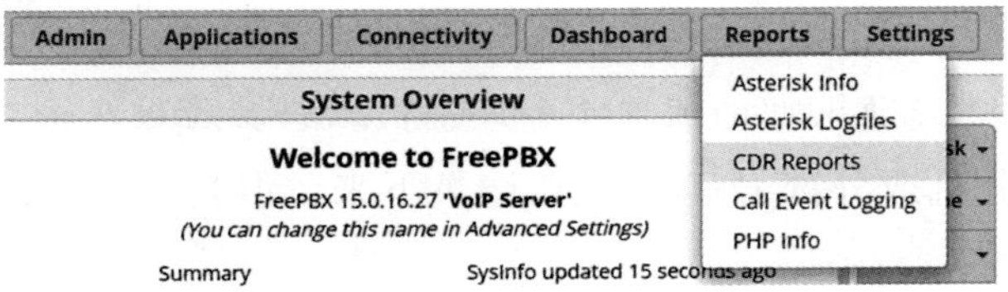

图 7 – 15　FreePBX 通话记录查询菜单路径

FreePBX 系统的通话记录查询页面如图 7 – 16 所示，页面从左到右共分为三列，分别为排序、搜索条件和其他选项。最左列的"排序

(Order By)"可以指定查询出的通话记录按照哪个属性进行排序，中间一列的"搜索条件（Search Conditions）"可以按照各个条件对通话记录进行筛选，最右列的"附加选项（Extra Options）"可以选择是查询通话记录，将记录导出为 CSV 文件，还是图形化显示通话记录。

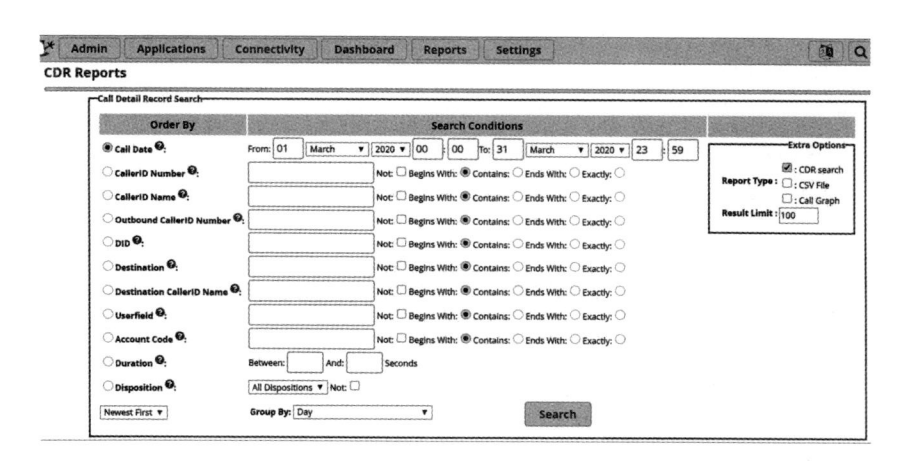

图 7-16　FreePBX 通话记录查询页面

"排序"列中，系统默认是按照通话时间（Call Date）排序的，也可以根据需要选择其他的标准进行排序，如按 CallerID Number（分机号）、Destination（被叫号码）、Duration（通话时长）、Disposition（呼叫状态）等标准。通常情况下，使用默认的通话时间进行排序即可。

FreePBX 系统的通话记录非常详细，只要是经过系统拨打过的号码（内部分机或外部号码）均会记录下来，但是大多数情况下我们并不需要事无巨细地查看所有的通话记录。为此，可以根据需求调整"搜索条件"一列的参数，以筛选出特定的通话记录。如果想查找某个时间段的通话记录，可以指定"Call Date（通话时间）"这一参数的起止时间；如果想查找某个或某一组分机主叫的通话记录，可以在

"CallerID Number（分机号）"这一参数里填入相应的分机号码①；如果想查找指定被叫号码的通话记录，可以在"Destination（被叫号码）"这一参数里填入相应的被叫号码②。如果想查找指定时长的通话记录，可以在"Duration（通话时长）"这一参数里分别填入最短与最长通话持续时间（以秒为单位）③；如果想查找某个特定呼叫状态的通话记录，可以在"Disposition（呼叫状态）"这一参数里选择相应的状态（接通、忙音、呼叫失败、无应答）。以上搜索条件既可以单独使用，也可以组合使用，从而更精确地筛选通话记录。搜索条件填写完毕后，鼠标点击下方的 Search 按钮，稍等片刻，页面下方会显示对应的通话记录。

图7-17 示例为查询指定时间内的以 531 开头的所有分机主叫的、通话时长为 30—60 秒、状态为已接通的通话记录。页面显示，总共查找到三条通话记录，其中一条存在通话录音（在 Recording 列里会显示播放与下载图标）。要听取该条通话录音，可以鼠标点击播放按钮，该条记录下方便会显示播放界面并自动播放录音，播放过程中也可以拖动进度条快进或后退。此外，鼠标点击右边的下载按钮，还可以将对应的录音文件下载到本地电脑上。

---

① 此处填写的分机号码，既可以直接输入精确的分机号码（如5312），也可以输入多个分机号码（如5312、5314、5315），也可以使用 FreePBX 内置的适配符进行模式匹配。根据适配符规则，X 表示 0—9 范围内的任意数字，Z 表示 1—9 范围内的任意数字，N 表示 2—9 范围内的任意数字，[1237—9] 表示方括号中的任意字符，（本例指1、2、3、7、8、9 中的任意数字）．表示任意字符。不过，与前文呼叫路由设置中适配符的使用方法不同的是，此处需要在适配内容前加下划线_ 符号，以标明此处使用了适配符。举例说明，假设想查找 5311—5315 这一范围内全部分机的主叫通话记录，可以填入"_ 531 [1—5]"；如想查找所有以 53 开头的分机的主叫通话记录，可以填入"_ 53XX"。

② 此处填写的被叫号码，其输入规则与前面的分机号码处相同，同样既可以直接输入被叫号码，也可以使用适配符进行模式匹配。

③ 需要注意的是，通话时长筛选时，最短通话时长与最长通话时长两项都必须填写，否则筛选条件不会生效。

图 7-17　FreePBX 通话记录查询结果示例页面

在 FreePBX 通话记录查询页面，除了查询通话记录，还可以将查询到的通话记录导出为 CSV 文件。要导出通话记录，需要在最右列的"附加选项"框里，勾选"CSV File"选项，然后鼠标点击 Search 按钮，接着选择文件在本地电脑上的保存路径，浏览器便会自动下载通话记录文件（见图 7-18）。

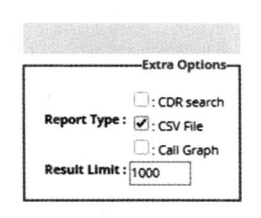

图 7-18　FreePBX 通话记录导出为 CSV 文件选项

除此以外，FreePBX 还支持以图形化的方式分组显示通话记录。主要步骤为：首先在最右列的"附加选项"框里，勾选"Call Graph"选项，然后在"搜索条件"列最下方的"Group By"下拉框中选择用来分组的指标，最后鼠标点击 Search 按钮，页面下方便会显示相应的图表。

3. 监测样本消耗进度

电话调查的一大优势是可以精确地控制样本投放，在调查过程中，既可以利用问卷调查系统如 LimeSurvey 的样本配额功能进行精确的控制，也可以通过督导对所收集到的数据定期分析来进行控制。对样本消耗进度的监测既包括对调查项目总体样本消耗量的监测，也包括对地区、人群、性别、年龄段等各类属性的样本消耗量的监测。通过定期监测与分析样本消耗量，督导可以动态地调整访员的班次与工作内容安排，一旦调查过程中出现样本消耗殆尽的情形，可以即时追加样本。

三 复查已完成的调查

督导除了在调查过程中进行实时监听与监测，还应该定期对已完成的问卷进行复查。如果调查项目样本量较少，可以待调查项目全部结束后集中复查，如果样本量较多，则建议在调查过程中分批次同步复查。

复查工作主要由督导通过电话与被访者取得联系，核实他们前期是否接受过调查，如有必要，还可以抽取问卷上已经填答的个别问题进行核实。为了避免给被访者造成困扰，增加回访接通率，最好在复查工作开始的前几天，统一向被访者发送提示短信。短信内容里一方面要感谢他们前期配合完成了调查，另一方面告知他们近期可能会进行回访复查，同时附上复查时要使用的电话号码。

实践表明，为了增进质量控制的成效，除了要求督导同步开展通话监听与调查进度监测，对已完成的调查进行复查等工作，还应该在调查开始前就让访员知道，他们的调查过程以及完成的问卷都会接受校验，这一做法可以在一定程度上提高访员的工作责任感。对于新开展的调查项目或者新招募的访员，在调查初期督导就应该及时向访员反馈质量抽查意见，确保访员在调查初期就能树立起牢固的质量意识。

第九节　样本库整理与更新

调查团队初期开展电话调查大多数是采取 RDD 随机抽样的方式生成号码样本，通过它可以快速地创建某一地市或多个地市包含所有移动电话号码的样本框并在此基础上抽取样本。由于 RDD 抽样法不可避免地会包含较大数量的空号或无人接通号码，使得调查的有效应答率较低。但是值得庆幸的是每一轮调查结束后，都会积累一定数量的高质量样本库。倘若维护得当，后期随着各类调查项目的不断开展，团队将会积累一个规模可观的高质量样本库。调查实践表明，从自有样本库中抽取的号码样本，再次呼叫的应答率可以稳定在 20%的水平，大大高于通过 RDD 抽样法随机生成的号码样本，而且随着呼叫次数的增多，应答率还会逐次增长。因此，如有条件，调查团队应维护一份自有样本库，并且在每一轮调查结束后，花费一些时间从问卷数据中筛选出有效接通的号码，将其添加至样本库中。

对于数量不超过百万条的样本库，可以使用 Microsoft Excel 来管理。样本数据表中除了电话号码与归属地信息，还应加入通过调查所获知的该号码对应的其他信息，如居住地、城区或农村、性别、年龄（段）、教育程度、职业、收入等其他人口社会学特征信息[1]。后期要使用该样本库，可以方便地根据以上特征进行筛选并将结果导出使用。

---

[1] 需要注意的是，样本库不应包含被访者的隐私信息。如果在某些情况下，样本库中需要包含被访对象的隐私信息，应严格做好样本库的管理工作，设置获取权限，使用时签署保密责任书，以符合研究伦理与法律的要求。

第十节　电话调查技巧

贯穿 CATI 电话调查项目始终的一个问题是如何提高调查的有效应答率与数据质量。根据研究所近年来的调查实践，本书整理了部分提高应答率的经验与技巧，供存在类似调查需求的调查团队参考。

第一，科学设计问卷。

除了遵循通用的问卷设计原则与要求，电话调查的问卷设计必须充分考虑到电话调查的特点与限制。首先，问卷用词应简明扼要、通俗易懂；其次，问卷结构安排上，应尽量将不涉及或较难联想到个人隐私信息的问题置于问卷前面，以降低被访者的警惕或抵触情绪；最后，问卷中量表类问题的测量尺度以及数值所代表的方向与强度应统一，避免给被访者造成困惑。

第二，优化访员班次安排。

对于电话调查来说，不同时间段班次的应答率存在着较为明显的差异。每天上午 11∶00—13∶00、下午 15∶00—17∶00、晚上班次、周末班次等是调查的"黄金时间段"，这些班次应尽量多安排访员，尤其是调查经验丰富的访员出勤，以保证调查进度。

第三，提升访员的沟通技巧。

与大型商业调查公司的专职访员相比，大部分学生访员一开始会比较缺乏调查经验，与被访者沟通的专业性也不够，但是学生访员突出的优势是自然、真诚、使命感强，这些优点可以较大地弥补其专业性上的不足。实践表明，只要经过良好的培训与锻炼，学生访员能很快地进入工作状态。因此，在调查开始之前，应让访员熟悉问卷结构与问题内容，培训访员一些通用的电话沟通技巧，提前演练遇到各种状况时的应答措施。在调查阶段，督导应注意发现沟通技巧优秀、应答率较高的访员，邀请其分享心得技巧或者摘选其通话录音作为示范。

第四,调查过程中关注被访者的情绪变化。

调查过程中的预期管理很重要,尤其是对于需时较长的调查,在每一组模块结束后,应及时用欣喜的口吻播报,激励被访者的士气。一旦被访者显露出不耐烦的情绪时,应对其进行安抚和鼓励,以避免中途挂断电话或放弃调查。如果被访者确实有较为紧要的事项需要处理,不应强求,可以暂停当前调查并另约时间完成剩余的调查问题。

第五,不浪费任何一个有效号码。

电话调查的号码样本非常宝贵,在调查过程中应倍加珍惜有效号码。通常来说,一个非空号的号码,至少应在不同时间段呼叫三次(如工作日上午段一次,隔天下午段一次,周末一次)后才能正式被标记为"无法接通"的状态。对于接通后表示不便接受调查的被访者,应尝试与其另约方便的时间。如调查中途通话被挂断,应稍等数分钟后回拨,争取继续完成剩余的调查。除此之外,还应安排值班督导接听被访者的回电或将电话呼叫转移至督导手机,以方便漏接电话的被访者回拨。

第六,给予被访者物质奖励。

为了提高被访者的积极性与配合度,应考虑给予被访者一定的礼物或奖励。由于电话调查无法像入户访谈时那样面对面地接触被访者,所以较难给予被访者实物礼品,比较经济可行的方式是给予被访者话费奖励、充值卡、积分卡、优惠券等非实物礼品。

第七,做好外呼号码的标记工作。

目前大部分安卓智能手机都带有电话黄页或骚扰电话拦截软件,能根据用户的标记以及通话特征智能识别号码类别,调查室的外呼号码很容易被标记为"广告推销"类的电话,如果不加以处理,将会影响应答率。为此,首先,可以要求调查团队成员以及访员提前将调查室的外呼号码保存进手机通讯簿,并做好相应的标记,此举可以一定程度上降低号码被手机显示为骚扰电话的概率。其次,可以登录常用的电话号码标记平台，如电话邦、百度号码、360 号码等，按照要求提交资料，完成号码认证。最后，团队成员可以不定期地在百度、微博等网站搜索调查室的外呼号码，查看是否有针对该号码的提问或动态，如果发现有应立即解释回应。

后　　记

知易行难！本书从策划、起草、修订到完稿，历经近三年的时间，如果算上低成本电话调查系统的摸索、测试、部署、实践与完善，则前后历时近五年。其间屡生放弃的念头，但考虑到团队成员前期在系统设计与部署上投入了巨大的时间与精力，积累了一定的经验与教训，中途放弃于心不忍。另外，电话调查尤其是低成本电话调查实践类的相关资料较少，人文社科团队对低成本数据采集确实存在着一定的需求，2020年的新冠肺炎疫情也凸显了无接触调查的优势，最终咬牙将本书收尾，希望这本小册子的成稿，可以对存在类似需求的团队提供一定的借鉴。

遥想2016年系统的测试与搭建阶段，我们几位"文科"老师，带领一帮"文科"同学，从零开始，不断测试各种方案与设备，从失败中总结经验教训，憋着一股不服输的劲头，从零开始，查资料、攒设备、做网线、配网络、调系统，最终搭建出了一套适用的低成本电话调查系统，较好地满足了研究所以及校内外部分科研团队的数据采集需求。失败的懊恼、成功的欣喜，如今都成为各自脑海中美好的一段回忆。

低成本电话调查系统的搭建与使用，是团队成员共同努力的结晶。这其中离不开山东大学城市发展与公共政策研究所主任曹现强教授与副主任王佃利教授的大力支持与鼓励，离不开"山东大学城市公共服务数据库"项目执行主任楼苏萍副教授的倾力协助与密切合作，离不开研究所各位老师们的建议与完善，当然更离不开在系统部署与调查实施过程中发挥中坚力量的硕博士同学们。追根溯源，我们还要特别感谢中国人民大学中国调查与数据中心副主任王卫东与数据采集部主任胡以松两位老师，人大中国调查与数据中心开放、开源、共享的建设与发展理念，给研究所全体成员留下了深刻的现象，两位老师自始至终都是我们调查与数据采集前行路上的"精神导师"，没有两位前辈的无私交流与分享，肯定不会有本书中所介绍的种种探索与实践。系统部署与书稿的写作得到了国家社科基金重大项目"中国基本公共服务供给侧改革与获得感提升研究（16ZDA080）""山东省城市公共服务数据库"建设项目以及山东大学实验室建设与管理研究项目（sy20203604）的资助，在此一并表示感谢。还要感谢中国社会科学出版社编辑耿晓明老师以及其他工作人员耐心细致专业的工作，在出版的各个环节提醒我注意各个事项，使本书能顺利付梓出版。

当然，由于本人水平和精力有限，再加上技术变革，日新月异，错误之处，在所难免，期望各位同行与读者能多提宝贵意见，批评指正。

俞少宾
2021 年 3 月